Easy & Fun!
英語で手帳を書こう

神林サリー

永岡書店

Let's enjoy writing!
手帳で英語をもっと楽しみましょう!

はじめまして。あなたはきっと「英語が好き」「英語を覚えたい」と今、この本を手にしてくださったことと思います。
英語を覚える一番のカギは何だと思いますか? それは…
1. 始めること　2. 続けること　これだけです。
肝心なのは毎日、英語を使うことなんです。
ただ何となく「英語が話せるようになりたいな〜」と願うだけではダメ。「ちょっとはかじっているのに、ちっとも上達しない!」という人も、毎日、英語を使ったり勉強をすることが難しいためではないでしょうか?

海外旅行や仕事、インターネットなど、英語でコミュニケーションをとる機会がこれだけ増えても、まだまだ英語は「学校の教科」と無意識に思っている人が多いようです。
まずは英語＝勉強という思い込みを捨てましょう!
そのためには、朝起きて歯を磨くように日常で英語を使う習慣をつける、ちょっとした工夫が必要。そこで「手帳」です。

スケジュール帳やメモ、日記など、手帳は毎日、書くものです。そもそも、人に見せるものではありませんから人目を気にせず、自分がわかればOKなのもメリットです。

☐ 予定　☐ やることの覚え書き　☐ 買い物メモ
☐ 思ったこと　☐ 目標　☐ 趣味の記録
☐ 好きな言葉　……etc.

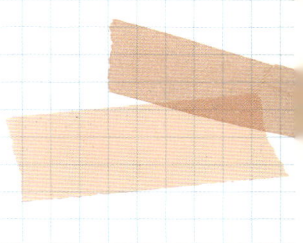

何でもいいので普段、手帳に書いていることをシンプルな英語に！　気取らずに、少しくらい間違えても気にしない。単語から始めて、それを毎日、続けることが大切です。

私は英語インストラクターとして、おもに個人のスピーキングトレーニングの指導をしていますが、自宅ではライティング＝書くことを中心に実践していただきます。話すだけでなく、書くことは、英語スキルの底上げに欠かせません。
英語は頭で覚えるのではなく、習慣で鍛えられるもの！
くり返し書くことで、身体に英語がしみ込んでいきます。

これからご紹介するステップにそって、英語で手帳を書き始めると、だんだん自分の言いたいことが英語でパッと思い浮かぶようになります。なぜなら、自分が日常でよく使う言葉ほど、くり返し書くでしょう？　同時に、声に出して読んでみてください。
習慣として身につくと、いざ英語を話すときに自分の英語レベルがぐんと上がっていると驚くでしょう。

飽きずに続けるためには、何より楽しむことが大事。本書では"普段使いの英語"をたくさんご紹介しています。海外暮らしの気分で、楽しくワクワクしながら、日常を英語で表現してみてください。さあ、今日からスタートしましょう！

Sally Kanbayashi

CONTENTS

**手帳で英語を
もっと楽しみましょう!** …… 2

**Sally 式
毎日手帳を書くだけで
英語が身につくヒミツ** …… 6

Practice 1
**予定を単語で書く
monthly schedule** …… 8
・予定を単語で書くときのポイント …… 10

Practice 2
**1センテンスで書く
weekly schedule** …… 12
・予定をセンテンスで書くポイント …… 13

Practice 3
**To Do リストを書く
time schedule** …… 14
・仕事の予定を書くときのポイント …… 15

Part 1
ひとことで予定・用事を書こう!
**パッと探せるテーマ別
単語& To Do 例文集**

**まずはスケジュール帳に
予定を単語で書こう** …… 18

**予定を簡単な
1センテンスで書いてみよう** …… 20

**覚えておきたい用事の
To Do リストを書こう** …… 21

天気 …… 22
体調 …… 24
祝日・季節の行事 …… 26
記念日・冠婚葬祭 …… 28
交通手段 …… 29
公共施設 …… 30
恋愛・結婚 …… 32
美容 …… 34

趣味・習い事 …… 36
イベント …… 38
スポーツ …… 39
旅行・レジャー …… 40
ファッション …… 42
食事・グルメ …… 44
● 料理メニューの単語集 …… 46

病院 …… 48
学生生活 …… 50
会議・打ち合わせ …… 54
部署・肩書 …… 56
出張 …… 58
セミナー・講習 …… 60
業種・職種 …… 61
書類 …… 62
家事 …… 64
生活・引越し …… 66
家族・知人 …… 67
子供 …… 68

● 買い物の単語集 …… 70
　・化粧品 …… 71
　・薬 …… 71
　・食料品 …… 71
　　　野菜 …… 71
　　　肉／魚 …… 72
　　　卵・大豆・乳製品／
　　　パン・米 …… 73
　　　その他／調味料／デザート …… 74
　　　くだもの／飲み物 …… 75
　・日用品 …… 76
　　キッチン用品／洗剤類／
　　トイレタリー用品 …… 76
　　生活用品・文具 …… 77
　・家電 …… 78
　・インテリア …… 78
　・ファッション …… 78
　　　洋服 …… 78
　　　靴／ファッション小物 …… 79
　　　その他 …… 80
　・店 …… 80

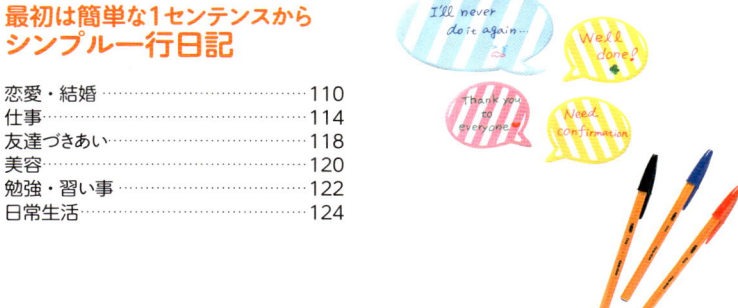

Sally 式
英語力をぐんとアップ！
ワクワク手帳活用術 ……… 82

夢をかなえる やる気アップ手帳 ……… 82
・やる気アップ手帳の楽しみ方 ………… 84
ダイエット手帳 …………………………… 86
英語学習手帳 ……………………………… 87
家計管理手帳 ……………………………… 88
旅行手帳 …………………………………… 90
スイーツ手帳 ……………………………… 91
占い手帳 …………………………………… 92
映画手帳／女性手帳 ……………………… 93
英語を書くプチ習慣を増やそう ………… 94

Part 2
今の気分を書き添えて楽しもう！
ひとこと感情表現

うれしい ………………………………… 98
好き ……………………………………… 99
悲しい・がっかり …………………… 100
怒り・不満 …………………………… 101
びっくり・怖い／焦り ……………… 102
なぐさめ・励まし …………………… 103
ツッコミ・あいづち／確かめる・了解 … 104
ありがとう …………………………… 105
ごめんなさい／人の印象 …………… 106

Part 3
最初は簡単な1センテンスから
シンプル一行日記

恋愛・結婚 …………………………… 110
仕事 …………………………………… 114
友達づきあい ………………………… 118
美容 …………………………………… 120
勉強・習い事 ………………………… 122
日常生活 ……………………………… 124

Part 4
夢をかなえる手帳にしよう！
モチベーションアップ＆
目標リスト

自分を励ますひとこと ……………… 128
恋愛・結婚の目標 …………………… 130
仕事の目標 …………………………… 132
お金の目標 …………………………… 136
健康・美容の目標 …………………… 138
勉強・習い事の目標 ………………… 140
ライフスタイルの目標 ……………… 142
英語の格言・名言集 ………………… 144

五十音順
単語インデックス …………………… 147

コラム
Tips from Sally

● Sally 流　手帳の楽しみ方 ……… 16
● 略語を使いこなそう ……………… 81
● 予定に使える「時間の表現」 ……… 96
● 自己紹介を英語で書こう ……… 108
● 英語を楽しみながら覚える
　Sally 式 3つのルール ………… 126

Sally式

毎日手帳を書くだけで英語が身につくヒミツ

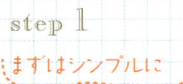

step 1

まずはシンプルに

予定を**単語だけ**で書いてみる

気軽に予定や用事を「単語だけ」で書いてみましょう。いきなり英文にしようと思うと、最初からつまずいたり、毎日書くことが面倒に。とにかく英語を書いてみて、苦手意識を吹き飛ばしましょう！

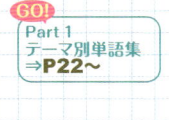

GO!
Part 1
テーマ別単語集
⇒P22〜

7:30pm
English lesson

step 2

例文を使って文章に

簡単な**1センテンス**の予定やメモを書く

単語に慣れたら、予定や用事のTo Do リストを簡単な1センテンスの英文にしましょう。難しく考えず、例文をそのまま書いたり、目的語を入れ替えるだけでOK。自然と日常でよく使う英語が覚えられます。

GO!
Part 1
予定に使える3つのシンプル表現
⇒P20

GO!
Part 1
To Doリスト例文
⇒P21〜

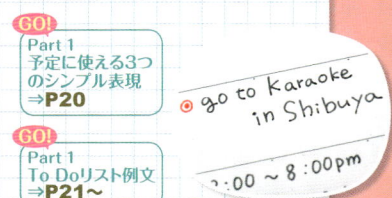

● go to Karaoke in Shibuya
7:00 〜 8:00pm

自分が日常でよく使う言葉は何度も手帳に書くもの。自然と「使える英語」が増えていきます

> とにかく「書く」ことが大事！
> きちんと書かなきゃ、なんて思わず
> 毎日の予定や思ったことを
> どんどん英語で書いてみましょう

step 3
楽しみながら継続！

心のつぶやきを
ひとこと書き添える

日々のちょっとした感想をプラス。手帳を書くのが楽しくなって、感情を表現する英語は、英会話でもかなり役立ちます。本書ではそんな普段の会話でも使える「ひとこと」を紹介。ツイッターなどにも使ってみても。

GO!
Part 2
ひとこと感情表現
⇒P98〜

GO!
Part 3
シンプル一行日記
⇒P110〜

I met a guy!
Cool!!

step 4
愛着アップで習慣に

目標や夢を書いて
実現させよう！

自分を励ます言葉、プライベートや仕事の目標なども、英語で書いてみましょう。ワクワク感とともに、書いた内容が強く意識され、実現へのモチベーションもアップ！ 夢をかなえる英語手帳になります。

GO!
Part 4
モチベーション
アップ＆目標リスト
⇒P128〜

my goal
private
get "Mr. Right"

さらに英語力アップ

**書いた英語を
声に出して読む！**

書く→読む→その声を耳で聞く。これが最もおすすめのSally式英語学習法。とくに目標や夢はくり返し、自分に読み聞かせましょう。言葉がしっかり脳にインプットされます。

practice 1

予定を単語で書く
monthly schedule

習い事や映画など、用件の単語をずばり書くだけでも、ちょっとバイリンガル気分。マス目が小さなマンスリー手帳を愛用している人もこれならOK！

> 時刻＋用件の単語だけに。時刻の am と pm を色分けして書くと見やすい。

> 待ち遠しい予定はカラーペンやイラストでデコ。楽しく書くことも継続のコツ！

> last business day はいわゆる仕事納め。大事な用件は囲むと単語も覚えやすい。

	Wednesday	Thursday
3 Aya's Birthday	4 7:30pm English lesson	5 7:00pm girls' night out @Hikarie ♥	6
10 Bonus!	11 work overtime…	12 8:00pm cooking school	13
17	18 7:30pm English lesson	19	20 7:30pm Skin Clinic
24 Christmas dinner in Ginza w/Hiroshi 8:00pm	25 Payday	26	27 last business day =3
31			

mixer は「合コン」のこと。人に見られたくない予定も、英語で書くと隠語のよう！

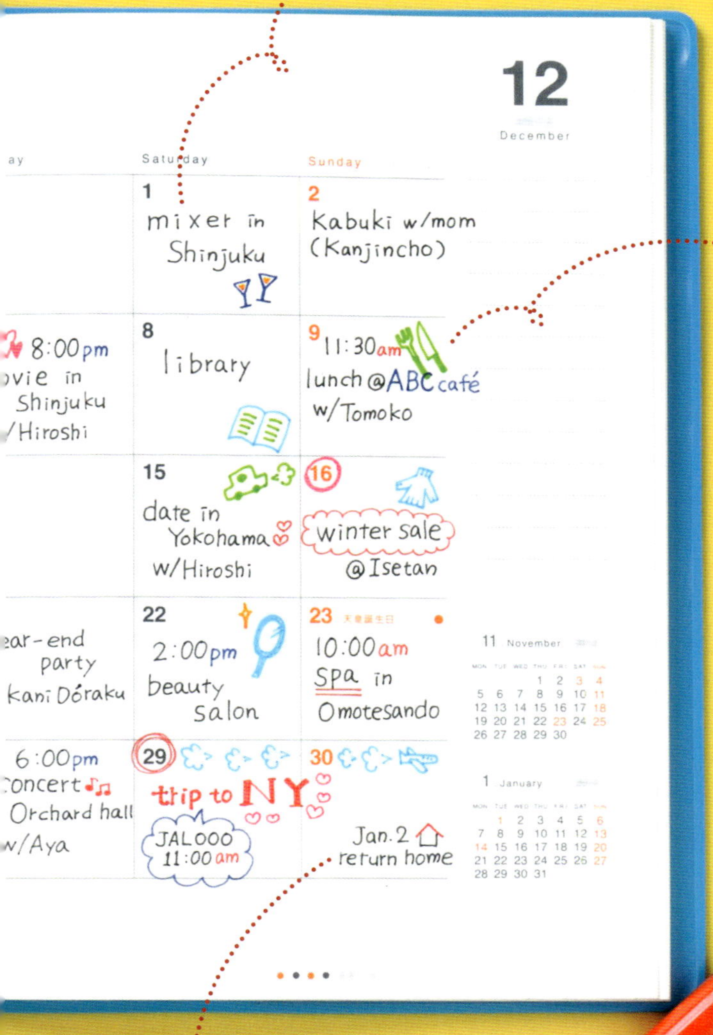
12
December
Saturday
Sunday
1 mixer in Shinjuku
2 Kabuki w/mom (Kanjincho)
8:00pm
movie in Shinjuku
w/Hiroshi
8 library
9 11:30am lunch @ABC café w/Tomoko
15 date in Yokohama w/Hiroshi
16 winter sale @Isetan
year-end party
Kani Dóraku
22 2:00pm beauty salon
23 10:00am Spa in Omotesando
6:00pm concert
Orchard hall
w/Aya
29 trip to NY
JAL000 11:00am
30 Jan.2 return home
11 November
1 January

@=at 、w/=withの略語を使えば、場所や会う人の名前をつけ加えることも簡単。

旅行や出張など、月や日をまたぐ予定は帰る日付を入れて。

予定の書き方、単語の訳は次のページへ ▶▶

最初にチェック

予定を単語で書くときのポイント

point 1
用件の単語をずばり書く
図書館へ行く予定なら「図書館」＝library でOK。単語によっては本来"a""the"などの冠詞がつきますが、細かい部分は気にせず単語のみをシンプルに。

point 2
時刻もネイティブ流に
時刻を書くとき、英語では24時間表記はほとんど使いません。午後7時30分なら19:30ではなく"7:30 pm"に。午前のときは am を後ろにつけましょう。

point 3
場所は＠でつなげる
店名や施設名など、特定の場所は at の略語＝@ を頭につけて補足。ただし、街や地域など地名の場合は in を使い"in Shibuya"のようにつなげます。

シンプルな予定の書き方 ▶ **P18へGO!**

point 4
人はw/でつなげる
誰と会うかなど、予定をともにする人の名前を書くときは with の略語＝w/ を頭につけて補足。用件の単語＋「場所」「人」とつなげましょう。

point 5

大文字・小文字の使い分け

人や場所の名前、名称などの固有名詞は、頭を大文字に。それ以外は小文字で書くのが基本ですが、難しく考えず、強調部分は大文字にするなど自由に。

point 6

日付は略して書く

旅行から帰る日や締め切り日、日記など、日付を書く場合は略して書くと簡単。1月2日なら"Jan. 2"と月の略語＋日(数字)でOK。略した末尾にはピリオドを。

月の略し方

1月	January → Jan.		7月	July → そのまま
2月	February → Feb.		8月	August → Aug.
3月	March → Mar.		9月	September → Sep.
4月	April → Apr.		10月	October → Oct.
5月	May → そのまま		11月	November → Nov.
6月	June → そのまま		12月	December → Dec.

曜日の略し方

月曜日	Monday → Mon.
火曜日	Tuesday → Tue.
水曜日	Wednesday → Wed.
木曜日	Thursday → Thu.
金曜日	Friday → Fri.
土曜日	Saturday → Sat.
日曜日	Sunday → Sun.

手帳P8〜9の

✓ word check

- ☐ mixer　合コン
- ☐ mom　母(ママ)の略
- ☐ girls' night out　女子会
- ☐ bonus　ボーナス
- ☐ work overtime　残業する
- ☐ date　デート
- ☐ skin clinic　皮膚科
- ☐ beauty salon　美容院
- ☐ payday　給料日
- ☐ year-end party　忘年会

practice 2

1センテンスで書く
weekly schedule

ごく簡単なセンテンス（文）で、予定を書いてみましょう。書き込みスペースが多いウィークリー手帳がぴったりです。

基本の go to〜 だけでも、いろんな予定が書ける！

天気や体調を書く習慣も、英語力がついておすすめ。絵日記風に楽しく。

MONDAY 21	● go to karaoke in Shibuya	先負
Cloudy		
TUESDAY 22	3:00 〜 8:00pm part-time job　　sore throat	仏滅
snowy		
WEDNESDAY 23	Seminar! ✦ go to the library	大安
clear		
THURSDAY 24	✦ meet Prof. Suzuki @ the classroom Ⓐ ✦ submit my report by 3:00pm	赤口
windy		
FRIDAY 25	● 6:00pm drinking party in Shibuya	先勝
rainy		
SATURDAY 26	11:00am 〜 5:00pm part-time job　　hangover	友引
sleety		
SUNDAY 27	1:00 pm mom's visit ❤ w/ aunt	先負
sunny		

「午後3時までに」など時間の表現を覚えておくと便利。⇒P96

予定をセンテンスで書くポイント

point 1
主語は省略して短く

予定の主語はほとんどが「自分」= I なので、ネイティブでも省略するのが普通です。動詞など述語から始めて、時制も現在形でOK。文頭は小文字にしましょう。

point 2
シンプル表現を使いこなす

「〜へ行く」= go to〜、「〜と会う」= meet〜 など、予定でよく使う簡単な構文をいくつか覚えてフル活用を。まずはセンテンスで書き慣れることが大切です。

予定に使える3つのシンプル表現 ▶ **P20へGO!**

point 3
天気や体調をメモする

予定に加えて、毎日の天気や体調を書くのもおすすめ。自分がわかれば、主語や動詞は省いたひとことメモで十分。天気や体調の英語表現を覚えましょう。

天気の単語 ▶ **P22へGO!**　　体調の単語 ▶ **P24へGO!**

✓ word check

- ☐ **part-time job**　アルバイト
- ☐ **sore throat**　のど荒れ
- ☐ **seminar**　（大学の）ゼミ・研究会
- ☐ **Prof.**　教授 **professor** の略
- ☐ **submit my report**　レポートを提出する
- ☐ **drinking party**　飲み会
- ☐ **hangover**　二日酔い
- ☐ **windy**　強風
- ☐ **sleety**　みぞれ

practice 3

To Doリストを書く
time schedule

「やること」＝To Doをメモする機会も多いもの。仕事の手帳にセンテンスで書けば、ビジネス英語力もアップ！

STは直行＝go straightを略した造語。よく使う言葉は自分でわかる記号で書いてもOK。

December

3 Monday

Bonus!

- 09 morning MTG
- 10–12 regular MTG
- 13–15 Ⓐ company (Mg.) Mr. Watanabe MTG @ Ⓑ room (our office)
- 17–19 orientation @ Ⓒ company w/ Mr. Takahashi
- 20 SH

- ✓ Dec.12. 10:00am〜 reserve a meeting room
- ・check the timetable

4 Tuesday

- 08 ST Ⓐ company
- 10–12 visit IT Forum @ Tokyo Big Site
- 13–14 business lunch w/ Ito san
- 16 write a report
- 20 English lesson!

- ✿ write the estimate
- ・buy some gifts
- ✿ send the schedule to Nagoya office

5 Wednesday

business trip

- 10–12 MTG w/ creative department
- 13–15 ✿ business trip to Nagoya
- 16 1:05pm Nozomi / Tokyo Station

- ✿ email to manager
- ○ prepare the presentation

仕事の予定は、用件と必要な情報をシンプルに書くことが大事。略語を活用するとスッキリ。

仕事のTo Doリストもできるだけシンプルな単語を使って、短いセンテンスに。

仕事の予定を書くときのポイント

point 1
To Do=やることは箇条書き

その日中にやる用事など、To Do は主語を省略して1センテンスに。仕事のほかにも買いたい物、家事など、例文を参考にどんどん英語で書いてみましょう。

To Doリスト例文 ▶ **P21へGO!**

メモ:
・Dec.12. 10:00am〜 reserve a meeting room
・check the time table

---

point 2
略語を使って簡潔に書く

仕事の用語や名称などは、単語でもスペルが長くなりがち。@ や w/（⇒P10）のほか、「会議・打ち合わせ」meeting ＝MTG、「直帰」go straight home ＝SH のように略語を使うと、手帳も見やすくなります。

略語を使いこなそう ▶ **P81へGO!**

メモ:
MTG w/ creative department

SH

---

point 3
敬称や肩書も略してOK

ネイティブは上司も名前で呼ぶのが習慣。敬称や肩書は省きますが、つけるなら Mr. や Mg.＝ manager「主任」など略語に。san ＝「〜さん」とローマ字で書いても。

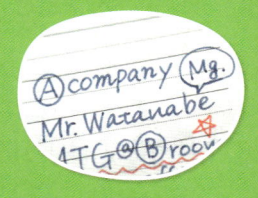

メモ:
Ⓐcompany (Mg.)
Mr. Watanabe
MTG @ Ⓑroom

✓ word check

- [ ] **regular MTG** 定例会議
- [ ] **reserve a meeting room** 会議室を予約する
- [ ] **check the timetable** 時刻表を確認する
- [ ] **write the estimate** 見積書を書く
- [ ] **creative department** 制作部
- [ ] **business trip** 出張

Tips from Sally

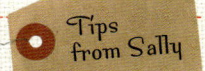

Sally流 手帳の楽しみ方

**ひと目でわかるよう
予定は単語で簡単に！**

私の手帳もほとんど単語のみ！ 毎日6時から23時までタイムスケジュールを書き込めるバーティカルタイプを愛用。忙しい時間と空き時間がひと目でわかり便利です。

こだわりポイント

- プライベートな予定はペンの色を変えて書き込む。
- 楽しいイベントや休みの日は日付の近くに記入。
- 用事の詳細は吹き出しで囲み、To Doは欄外に。シールを貼って楽しさアップ。

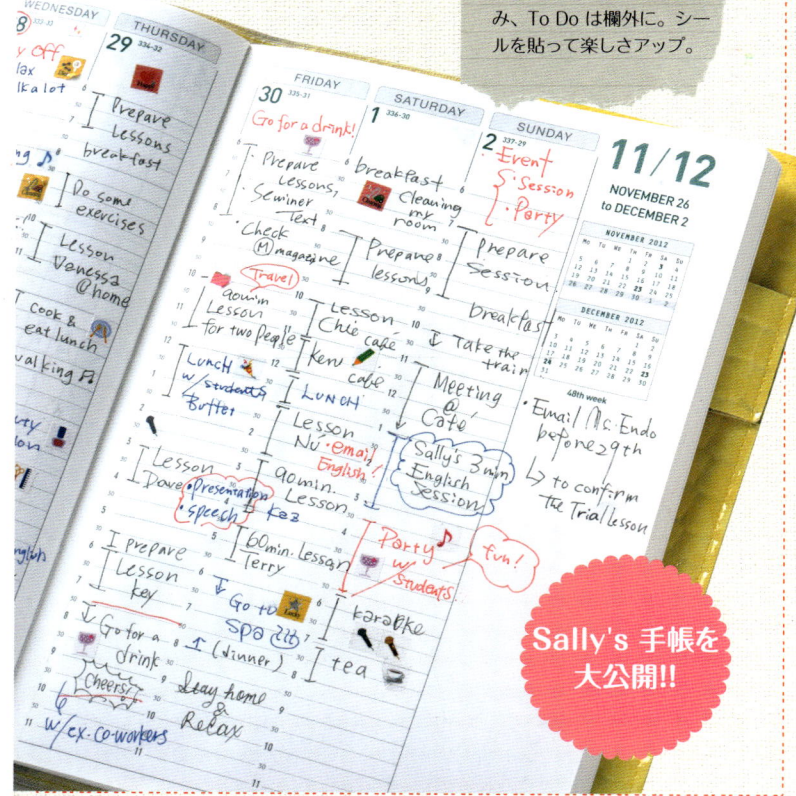

Sally's 手帳を大公開!!

Part 1

ひとことで予定・用事を書こう!
パッと探せるテーマ別
単語&To Do 例文集

手帳に予定を書くときに"使える単語"を目的やジャンルからひける単語集です。テーマごとにシンプルな To Do リスト例文もご紹介。これだけで、日常のさまざまな予定や用事がすぐに書けます。

まずはスケジュール帳に
予定を単語で書こう

手帳に書くことは「自分」がわかればいいので、予定や用事は単語を並べるだけだって十分。最もシンプルな書き方を覚えておきましょう。

まずは時刻と用件をずばり単語で書けばOK

10日午後2時に美容院を予約している →

10
2:00pm
beauty salon

さらに場所や会う人を補足してみましょう

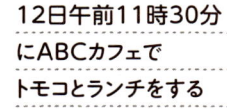

12日午前11時30分にABCカフェでトモコとランチをする
↓

12
11:30am
lunch
at ABC café
with Tomoko

20日午後8時に渋谷でヒロシと映画を観る
↓

20
8:00pm
movie
in Shibuya
with Hiroshi

25日午前9時に名古屋へ伊藤さんと出張に行く
↓

25
9:00am
business trip
to Nagoya
with Mr. Ito

point 最もシンプルな予定の書き方は

時刻 + 用件 + at / in / to 場所 + with 人

時刻 英語では24時間表記よりも12時間表記を。数字の後に午前 **am** または午後 **pm** をつけます。午後2時なら **2 pm** でもOK。

（予定に使える時間の表現 ▶P96）

用件 目的の単語を書くだけでOK。ジャンルによって単語集(P22〜)から探してみましょう。また、自分の手帳に書く場合は"**a(an)**" "**the**"の冠詞は省略してもかまいません。本書の単語集は省略してシンプルに表記しています。

場所 予定でよく使う場所の前置詞として、この3つを覚えておきましょう。

- 〜 で(何かをする)
  at □ →店名、駅や施設名、企業名など、特定の場所の場合。
  in □ →東京、渋谷など、広い地域や地名の場合。
- 〜 へ(向かう)
  to □ →旅行先や出張先など向かう場所を示す場合。

人 会う相手や同行者など、人の名前またはグループ名などは、前置詞 **with** でつなげればOK。

〜 と(ともに何かをする)　**with** 名前

at や with は略語を使うとスッキリ書けますよ

at = @　　with = w/　　meeting = MTG

9日午前10時に
A社で伊藤さんと
打ち合わせをする

→

9
10:00 am
MTG
@A company
w/ Mr. Ito

（略語を使いこなそう ▶P81）

単語&To Doリスト　基本の予定の書き方

予定を簡単な
1センテンスで書いてみよう

単語に慣れたら、簡単なセンテンス（文）で予定や用事を書いてみましょう。
手帳やメモに書く場合、「主語」は省略して「現在形」で書きます。

> 予定に使える3つの
> シンプル表現を覚えましょう

～へ行く　**go to** 場所

| 渋谷でカラオケに行く | → | go to karaoke in Shibuya |
| トモコとABCカフェへ行く | → | go to ABC café w/ Tomoko |

check go to の後には「場所」や施設・会合の名称などが来ます。買い物に行く **go shopping**／キャンプに行く **go camping**／デートに行く **go on a date** など、英語で「～すること」という行動の名詞が目的語になる場合、**go to～** にはあてはまらないので要注意。

～と会う　**meet** 人

| トモコと渋谷駅で会う | → | meet Tomoko @ Shibuya station |

check **meet** は時間や場所の約束をして会ったり、初対面の相手と会うときなどに使います。本来、友達や知り合いと会うのであれば **see** を使うほうが自然。手帳にスケジュールとして書く以外は **see ～**を使いましょう。

～が訪ねて来る　人　**visits**

| 伊藤さんが訪ねて来る | → | Mr. Ito visits | *Mr. Ito's visit（伊藤さん来訪）でも可 |

check 本来は **visit** の後に、**me / my home / my office** といった目的語が必要ですが、予定としてどこに訪ねてくるのか自分でわかっていれば省略してかまいません。○○**'s visit**（○○さん来訪）と簡単に名詞化して書くこともよくあります。

覚えておきたい用事の
To Doリストを書こう

単語&To Doリスト / 基本の予定の書き方

手帳やメモによく書く「やること」To Do も簡単な1センテンスで書いてみましょう。P22からの単語集では、各テーマにそった To Do リストの例文も紹介しています。予定と同様に「主語」は省略して「現在形」で書きましょう。

例文の [ ] の目的語を入れ替えれば、さまざまな To Do を書くことができます

● 午後5時に美容院(美容師)を予約する

```
make an appointment with my hairdresser for 5:00pm
```

● 午後3時に歯医者を予約する ↓

```
make an appointment with my dentist for 3:00pm
```

● 部屋の掃除をする

```
clean the room
```

● 浴室(トイレ)の掃除をする ↓

```
clean the bathroom / toilet
```

check To Do リストでよく使う動詞は覚えてしまうのが一番。[ ] には目的語となる名詞が入るので注意を。期限を入れる場合は **by** [日時] を最後につけます。 (時間の表現 ▶P96)

〜さんへメールをする	email [人]
〜を買う	buy [ ] → (買い物の単語集 ▶P70)
〜を〜さんへ送る	send [人] + [ ]
〜を準備する	prepare [ ]
〜に参加する	attend [ ]
〜を〜へ提出する	submit [ ] + to [場所／人]

天気 weather

晴れ	**sunny／clear**
快晴	**very fine**
曇り	**cloudy**
うす曇り	**slightly cloudy**
雨	**rainy**
小雨	**light rain**
霧雨	**drizzle**
にわか雨	**shower**
大雨(どしゃぶり)	**heavy rain**
雷雨	**thunder & rain**
暴風雨	**stormy**
ゲリラ豪雨	**sudden downpour**
お天気雨	**sun shower**
雷	**thunder**
強風	**windy**
台風	**typhoon**
竜巻	**tornado**
雪	**snowy**
みぞれ	**sleety**
吹雪	**blizzard**
大雪	**heavy snow**
霧	**foggy**

夕立ちも **shower** でOK！

ヒョウ(あられ)	hail
春一番	first spring wind
梅雨入り(明け)	start (end) of the rainy season
猛暑	fierce heat
寒波	cold wave
初雪	first snow of the season
虹	rainbow
気温(℃)	temperature
湿度(%)	humidity
降水確率(%)	rainfall probability
乾燥注意報	dry air warning
花粉予報(強／弱)	pollen forecast (heavy／light)
地震(マグニチュード)	earthquake (magnitude)
暖かい	warm
暑い	hot
蒸し暑い	muggy
涼しい	cool
寒い	cold

cool は気温10℃前後、cold は0℃前後

「ときどき」「のち」はどう書く？

Sally's comment

天気予報でおなじみの表現。簡単に書くなら occasionally で「ときどき」、turning～later で「のち」となります。
例：晴れときどき曇り　clear, occasionally cloudy
　　曇りのち晴れ　cloudy, turning clear later (in the day)

体調 health condition

体調がいい／元気ハツラツ	feel good／energetic
体調が悪い／つらい	feel bad／awful
熱っぽい(微熱／高熱)	fever (slight fever／high fever)
だるい	weary
疲れがとれない	tired
ふらふらする	feel weak
クラクラする(めまい)	feel dizzy
むくみ	swelling
睡眠不足	lack of sleep
生理痛	cramps
食欲がない	no appetite
食べ過ぎ	overeating
飲み過ぎ／二日酔い	drinking too much／hangover
吐き気	nausea
ムカムカする	feel sick
胃痛	stomachache
下痢／便秘	diarrhea／constipation
頭痛／偏頭痛	headache／migraine
腰痛	backache
筋肉痛	muscular pain
ぎっくり腰	acute lower-back pain
首の寝違え	sprained neck

顔がむくむは **My face is swollen.**
足がパンパンは **My legs are swollen.** だよ

足の筋肉痛は、口語で **have a charley horse**

冷え(性)	poor circulation
風邪／インフルエンザ	cold／flu (influenza)
肩こり	stiff shoulder
貧血	anemia
のど荒れ	sore throat
咳／くしゃみ	cough／sneeze
鼻水／鼻づまり	runny nose／stuffy nose
鼻がムズムズする	itchy nose
花粉症	hay fever
アレルギー	allergy
目の充血	red eye
目の乾燥	dry eye
目の疲れ	eyestrain
しっしん／じんましん	eczema (red spots)／rash
吹き出物／ニキビ	rash／pimple
やけど	burn
歯痛／虫歯	toothache／cavity
歯の知覚過敏	teeth hyperesthesia
歯ぐきの腫れ	swollen gum
口内炎	stomatitis
ウオノメ	foot corn
水虫	athlete's foot

風邪をひくは **have a cold** だよ

症状がひどいときは単語の頭に **terrible** を、軽いときは **mild** をつけて！

祝日・季節の行事 holidays・seasonal events

祝日

元日(1/1)	**New Year's Day**
成人の日(1月第2月曜)	**Coming-of-Age Day**
建国記念日(2/11)	**National Foundation Day**
春分の日(3/20頃)	**Vernal Equinox Day**
昭和の日(4/29)	**Showa Day**
憲法記念日(5/3)	**Constitution Day**
みどりの日(5/4)	**Greenery Day**
こどもの日(5/5)	**Children's Day**
海の日(7/16)	**Marine Day**
敬老の日(9月第3月曜)	**Respect-for-the-Aged Day**
秋分の日(9/22頃)	**Autumnal Equinox Day**
体育の日(10月第2月曜)	**Health-Sports Day**
文化の日(11/3)	**Culture Day**
勤労感謝の日(11/23)	**Labor Thanksgiving Day**
天皇誕生日(12/23)	**Emperor's Birthday**
振替休日	**substitute holiday**

季節の行事

初詣	**Hatsumo-de**
節分(2/3頃)	**Setsubun**
ひな祭り(3/3)	**Doll Festival**
バレンタインデー(2/14)	**St. Valentine's Day**

初詣は shrine や temple でもOK！

ホワイトデー(3/14)	**White Day**
母の日(5月第2日曜)	**Mother's Day**
父の日(6月第3日曜)	**Father's Day**
お花見	**cherry blossom viewing**
お彼岸	**Higan(Buddhist services)**
七夕(7/7)	**Star Festival**
お盆	**O-Bon**
中秋の名月	**Hervest moon**
ハロウィン(10/31)	**Halloween**
七五三(11/15頃)	**Shichi-go-san**
クリスマスイブ(12/24)	**Christmas Eve**
クリスマス(12/25)	**Christmas**
大晦日(12/31)	**New Year's Eve**
春休み	**Spring vacation**
夏休み	**Summer vacation**
冬休み	**Winter vacation**
正月休み	**New Year holidays**
ゴールデンウィーク	**Golden Week**
シルバーウィーク	**Silver Week**
帰省	**homecoming**

Christmas の略語は Xmas だよ

記念日・冠婚葬祭 anniversary・ceremony

誕生日	birthday
記念日	anniversary
結婚記念日	wedding anniversary
創立記念日	foundation day
結婚式	wedding ceremony
婚約	engagement
結納	engagement gifts
金(銀)婚式	golden (silver) wedding anniversary
お葬式(告別式)／お通夜	funeral／wake
法事／四十九日	memorial service／the forty-ninth day
一周忌	first anniversary of 人 's death
命日	anniversary of 人 's death
還暦	人 's 60th birthday
入学式	entrance ceremony
卒業式	graduation ceremony
始(終)業式	opening (closing) ceremony
入社式	company entrance ceremony
成人式	coming-of-age ceremony
発表会	recital
ピアノの発表会	piano recital
お祝い	celebration

> 交際1か月の記念は
> **dating one month anniversary**

> 出産祝いは
> **celebration of a birth**
> 新築祝いは
> **celebration of a new house**

交通手段 transport

徒歩	walking／on foot
車(自動車)	car
タクシー	taxi
電車	train
地下鉄	subway
東急線／丸ノ内線	Tokyu line／Marunouchi line
新幹線(のぞみ00号)	Shinkansen (Nozomi 00)
特急／急行／各駅停車	super-express／express train／local train
寝台列車	sleeper train
モノレール	monorail
バス	bus
高速バス	express bus
路線バス	local bus
エアポート リムジンバス	airport limousine
自転車	bicycle
バイク	motorcycle
フェリー	ferry
飛行機	plane
国内(国際)線	domestic (international) flight

自転車は口語で bike(バイク)だよ

Sally's comment

予定に交通手段をつけ加えるときは？

「バスで図書館に行く」など予定に交通手段をつけ加えるときは、「～で(によって)」の前置詞 by を使います。→ 例：go to the library by bus
ただし「徒歩で」の場合は、by foot とはいわず、on foot になります。

公共施設 public facility

県庁	prefectural office
市役所	city hall
区役所	ward office
町役場	town hall
税務署	tax office
保健所	public health center
警察署	police station
交番	police box
消防署	fire station
銀行	bank
郵便局	post office
公民館	community center
市民会館／区民会館	civic center
図書館	library
体育館	gym
病院	hospital
診療所	clinic
運転免許センター	DMV (Department of Motor Vehicles)

Sally's comment

hospital と clinic の違いは？

日本語では大きさに関係なく「病院」と言いますが、英語では大きな病院と近所の診療所といったニュアンスの違いで使う単語がかわります。風邪や体調不良、ちょっとしたケガなどで行く診療所は clinic 。症状が重い疾病や救急の場合に行くのが、入院施設のある hospital です。

パスポートセンター	**passport center**
ハローワーク	**PESO (Public Employment Security Office)**
結婚式場	**wedding hall**
教会	**church**
神社／寺	**shrine／temple**
斎場	**funeral hall**
火葬場	**crematory**
お墓	**cemetery**
空港(羽田空港)	**airport (Haneda Airport)**
駅(東京駅)	**station (Tokyo station)**
バス停	**bus stop**
タクシー乗り場	**taxi stand**
駐車場	**parking lot**
駐輪場	**bicycle parking lot**

公共施設

To Do List

- 銀行を探す　look for the bank
- 市役所に行く　go to the city hall
- 結婚式場を予約する　reserve a room at a wedding hall
- 駐車場代を払う　pay for the parking lot
- パスポートを取得する　get my passport
- 運転免許証の更新をする　renew my driver's license

恋愛・結婚 love・marriage

デート	date
初デート	first date
告白された日	He told me he likes me day
夜景スポット	night viewing spot
映画	movie
公園	park
カラオケ	karaoke
クラブ	nightclub
お泊り	stay overnight
ホテル／ラブホテル	hotel／L hotel *Sally造語
彼の部屋	his place
お見合い	marriage meeting
結婚相談所	matchmaking service
婚活	Konkatsu
婚活週間	Konkatsu week
婚活月間	Konkatsu month
合コン	mixer
お見合いパーティー	matchmaking party

告白するは **I tell him I like him.** だよ

Sally's comment

アメリカの結婚式&披露宴事情は?

アメリカの結婚式は、まず教会で式を挙げて、レストランや自宅、庭などで披露宴 wedding banquet を開くのが通例。立食パーティ形式が多く、料理は少なめ。食事がメインではなく、生バンドでダンスを楽しみ、おしゃべりをして、花婿と花嫁双方の参加者たちが仲良くなることが一番の目的なのです。

単語&TO DOリスト

恋愛・結婚

婚約(する)	engagement (get engaged)
結納	engagement gifts
両家の食事会	lunch／dinner with both families
結婚式	wedding ceremony
結婚披露宴	wedding reception
結婚式の2次会	after party
新婚旅行	honeymoon

ハワイに新婚旅行なら **honeymoon to Hawaii** だよ

To Do List

- 合コンのメンバーを集める　ask my friends to have a mixer
- 合コンを企画する　organize a mixer
- 婚活パーティーの申込みをする　apply for a Konkatsu party
- 彼をデートに誘う　ask my boyfriend for a date
- 待ち合わせの時間(場所)を決める　decide when (where) to meet
- 映画の上映時間をチェックする　check the movie show times
- 彼の部屋を掃除する　clean his place
- 彼におやすみメールを送る　email him to say good night
- デートの店を探す　look for a nice restaurant for a date
- 彼にプレゼントを買う　buy him a present
- 結婚式の打合せをする　have a meeting for a wedding ceremony
- 婚姻届(離婚届)を出す　file a marriage (divorce) notice

美容 beauty

美容院…salon／hairdressing salon

ヘアカット	haircut
カラーリング	color treatment
パーマ	perm
ヘッドスパ	scalp massage
ヘアトリートメント	hair treatment
着付け	kimono dressing

> ストレートパーマは **straight perm**

エステサロン…beauty salon／beauty-treatment clinic

フェイシャルエステ	facial treatment
ブライダルエステ	bridal treatment
痩身エステ	slimming treatment
ピーリング	chemical peeling
脱毛	hair removal
アートメイク	permanent makeup

ネイルサロン…nail salon

ネイルケア	nail care
マニキュア	manicure
ペディキュア	pedicure
ネイルアート	nail art
ジェルネイル	gel nails
ネイルチップ(つけ爪)	artificial nails

まつげエクステ…eyelash extensions

美容

マッサージサロン…**spa**

アロマテラピー	**aromatherapy**
指圧	**shiatsu**
整体	**osteopathy**
骨盤矯正	**pelvic correction**
足ツボマッサージ	**foot massage**
リフレクソロジー	**reflexology**
岩盤浴	**bedrock bathing**

美容整形外科…**cosmetic surgery**

日焼けサロン…**tanning salon**

タトゥー…**tattoo**

歯のホワイトニング…**teeth whitening**

To Do List

- 化粧水を買う　buy lotion → の単語を入れ替えて使って！化粧品の買い物アイテムの単語は→P71
- フェイシャルエステの料金を確認する
  check a charge for the facial treatment
- 5時に美容院(美容師)を予約する
  make an appointment with my hairdresser for 5:00pm
- ネイルサロン(ネイリスト)の予約を変更する
  change my appointment with my nail artist

> レストランなどの予約は **reserve**（動詞）／**reservation**（名詞）を使いますが、美容サロンや病院などの予約は「個人との約束」を表す **appointment** を使うので注意！「店」を予約するのではなく「美容師」と約束する、と英語では言います。
> ＊エステやマッサージサロンのおもな施術者は **esthetician** や **therapist**
> 　美容整形外科医は **cosmetic surgeon**　歯科衛生士は **dental hygienist**

趣味・習い事 interest・lesson

英会話レッスン	English lesson
中国語	Chinese
韓国語	Korean
フランス語	French
イタリア語	Italian
ヨガ(ホットヨガ)	yoga (hot yoga)
ピラティス	Pilates
ベリーダンス	belly dance
フラダンス	hula
茶道	tea ceremony
生け花	ikebana
書道	calligraphy
三味線	shamisen
琴	koto
料理教室	cooking school
パン・お菓子教室	baking and pastry school
パソコン教室	computer class
着付け教室	kimono lesson

Sally's comment

日本語の○○サークル、英語では？

テニスサークルや演劇部、英語クラブなど、日本語の「サークル」や「クラブ」「○○部」は、すべて club で言い表します。例えば「テニスサークルに参加する」なら join a tennis club となります。ちなみに「サークル(circle)」の意味は、円や丸。circles と複数扱いで「仲間」や「団体」を意味します。

手芸	handicraft
編み物	knitting
フラワーアレンジメント	flower arrangement
マナースクール	etiquette school
陶芸	pottery
油絵	oil painting
自動車教習所	driving school
読書	reading
映画鑑賞	seeing movies
音楽鑑賞	listening to music
DVD鑑賞	watching DVDs
野球観戦	watching a baseball game
サッカー観戦	watching a soccer game
格闘技観戦	watching combat sports

To Do List

- ゴルフ練習場(打ちっぱなし)に行く　go to practice at a driving range
- 刺しゅう教室に通う　attend embroidery lessons
- アルゼンチンタンゴ教室に体験参加する　take a trial Argentine tango lesson
- スポーツクラブに入会する　become a member of a health club
- フルート教室を探す　look for flute lesson
- 英会話レッスンの予習(復習)をする　prepare／review my English lesson

イベント event

新年会	**New Year's party**
お花見	**cherry blossom viewing**
花火大会	**fireworks festival**
盆踊り	**Bon festival**
夏祭り	**summer festival**
納涼会	**No-ryo festival**
ジャズフェスティバル	**jazz festival**
映画祭	**film festival**
ハロウィンパーティー	**Halloween party**
クリスマスパーティー	**Christmas party**
忘年会	**year-end party**
誕生日会	**birthday party**
歓迎会	**welcome party**
送別会／壮行会	**farewell party**
親睦会	**social gathering**
打ち上げ	**after party**
マラソン大会	**marathon**
女子会	**girls' night out**
同窓会	**alumni meeting／reunion**
OB会	**old boys'(girls') meeting**
オフ会	**offline gathering**
飲み会	**drinking party**

スポーツ sports

野球	**baseball**
サッカー	**soccer**
ゴルフ	**golf**
スキー	**skiing**
テニス	**tennis**
トレッキング	**trekking**
山登り	**mountain-climbing**
サーフィン	**surfing**
ジョギング(ランニング)	**jogging (running)**
ウォーキング	**walking**
水泳	**swimming**
エアロビクス	**aerobics**

英語で **marathon**(マラソン)は42.195kmのフルマラソンレースのことをいうよ

To Do List

- クリスマスパーティーのプレゼントを買う
  buy some presents for the Christmas party
- 女子会のメンバーを集める　ask my friends to have a girls' night out
- 忘年会のお店を予約する　reserve a restaurant for the year-end party
- マラソン大会の参加申し込みをする　enter the marathon
- スノーボードをレンタルする　rent a snowboard
- ゴルフ場にゴルフバッグを送る　send a golf bag to the golf course
- トレッキングのコースを探す　search for a trekking course
- サッカーの試合のチケットを取る　get a ticket for the soccer game

旅行・レジャー travel・leisure

旅行…travel

ハワイ旅行	**trip to Hawaii**
温泉	**hot springs**
日帰り温泉旅行	**day trip to a hot spring**
一泊旅行	**overnight trip**
二泊三日	**stay two nights**
週末旅行	**weekend trip**
国内(海外)旅行	**domestic (overseas) travel**
団体旅行	**group tour**
リゾート	**resort**
スパ	**spa**

レジャー…leisure

遊園地	**amusement park**
映画館	**movie theater**
動物園	**zoo**
水族館	**aquarium**
植物園	**botanical garden**
美術館	**art museum**

Sally's comment

映画はどこで観るかで単語が違う

"see a movie"は映画館で映画を観ることをいい、家のテレビで映画を観るのは"watch a TV movie"。もし"I saw a movie."と聞いたら、「映画館で観たのだな」とわかるわけです。ほかにも、庭を観るは"view a garden"、景色は「観る」より「楽しむ」という言葉を使い"enjoy the beautifull scenery"となります。

博物館	**museum**
展覧会	**exhibition**
キャンプ	**camping**
ハイキング	**hiking**
バーベキュー	**BBQ**
クルージング(ヨット)	**cruising**
カラオケ	**karaoke**
ドライブ	**driving**
ライブコンサート	**live concert**

> 動詞にもなるBBQ
> **"I'm BBQing"** で
> バーベQを
> やってるよだよ

To Do List

- 飛行機のチケットをとる　get an airline ticket
- ツアーを予約する　make a tour reservation
- ハワイのツアーを申し込む　book a tour of Hawaii
- ツアー代金を払う　pay for the tour
- ホテルをキャンセルする　cancel the hotel
- 8時に新宿駅に集合する　have to be at Shinjuku station at 8:00pm
- もちつき大会を企画する　organize a mochi-making party

単語&To Doリスト / 旅行・レジャー

ファッション fashion

バーゲンセール	**sale**
夏(冬)のバーゲン	**summer (winter) sale**
ビッグセール	**final sale**
ファミリーセール	**friends and family sale**
売り尽くし(在庫一掃)セール	**clearance sale**
オープン(開店)セール	**opening sale**
閉店セール	**closing-down sale**
1周年セール	**1st anniversary sale**
洋服屋	**clothing store**
仕立て屋(男性服)	**tailor**
仕立て屋(女性服)	**dressmaker**
靴屋	**shoe store**
洋服のリフォーム店	**alterations tailor**
靴の修理屋	**shoe repairer**
靴の修理コーナー	**heel bar**
アクセサリーショップ	**jewelry shop**
ショッピングモール	**shopping mall**
アウトレットモール	**outlet mall**

Sally's comment

"luggage store"って?

「カバン屋」は直訳すると"luggage store"ですが、"luggage store"と聞くと、スーツケースやトランクを売っている店を連想するネイティブが多いそう。
アメリカではハンドバッグなどカバン類は、ブランドやメーカーごとに販売されています。ただし、フリマや露店などでは取り混ぜて売っている店も。

ブランドショップ	**designer brand store**
フリマ(フリーマーケット)	**flea market／swap meet**
バザー	**bazaar**
お取り置き	**hold**
ネットショップ	**online (net) shop**
テレビショッピング	**TV shopping**
通販カタログ	**mail order catalog**

英語圏では
ピアスもイヤリング
"**earrings**"と言うよ

To Do List

- ネットショッピングをする　online (net) shopping
- バーゲン情報をチェックする　check out what's on special offer
- サイズ直しをする　do a size altering
- すそ上げをする　do hemming
- ウエスト直しをする　do waist adjustments
- かけはぎする　do invisible mending
- 時計を修理する　repair my watch
- 洋服をオークションに出す　put up my clothes for auction
- 靴を買う　buy shoes　→　の単語を入れ替えて使って！
ファッションの買い物アイテムの単語は→P78

片方の靴は"**shoe**"、一足の靴は"**a pair of shoes**"です。例えばパンプスなら正しくは"**a pair of pumps**"。このように、靴はすべて"**a pair of**"をつけていいますが、省略して"**pumps**"だけでもOKです。

ファッション

食事・グルメ meals・cuisine

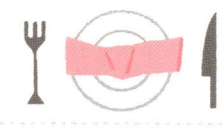

レストラン	restaurant
フレンチレストラン	French restaurant
イタリアンレストラン	Italian restaurant
和食店	Japanese restaurant
寿司屋	Sushi restaurant
焼き肉店	yakiniku restaurant
鉄板焼き店(ステーキハウス)	teppanyaki (steak house)
中華料理店	Chinese restaurant
韓国料理店	Korean restaurant
インド料理店	Indian restaurant
スペイン料理店	Spanish restaurant
メキシコ料理店	Mexican restaurant
ファミレス	family restaurant
ファーストフード店	fast-food restaurant
カフェ	café
喫茶店	coffee shop
コーヒー専門店	coffee house
居酒屋	pub
バー	bar
ワインバー	wine bar
ビアホール(ビアガーデン)	beer hall (beer garden)
立ち飲み屋	standing bar

回転寿司は **revolving sushi bar** だよ

単語&To Doリスト

食事・グルメ

ホテルのラウンジ	**hotel lounge**
朝食会	**breakfast meeting**
昼食会	**lunch meeting**
夕食会	**dinner party**
食べ放題	**all-you-can-eat／buffet**
ケーキバイキング	**cake buffet**
飲み放題	**all-you-can-drink**
立食パーティー	**buffet-style party**
ドレスコード	**dress code**

本来、**free drink**（フリードリンク）は飲み放題ではなく無料の飲み物という意味!

To Do List

- ディナーの店を探す　look for a restaurant for dinner
- レストランを予約する　make a restaurant reservation
- 宴会を予約する　arrange a banquet
- ケーキバイキングの時間を調べる　check the time for cake buffet
- 昼食会の時間を知らせる　tell the time of the lunch meeting
- カフェの場所を調べる　check the location of the café
- 宴会メニューの内容を聞く　check the party menu

料理メニューの単語集

ここでは料理メニューの単語を一挙大公開。食べに行くものや出前をとるなど、　　　に使いたい単語を入れて食べ物の To Do List 作りに役立てて!

To Do List

◆ 　　　を食べに行く　　eat

- ◆ パスタ　pasta
- ◆ ステーキ　steak
- ◆ カレー　curry
- ◆ インドカレー　Indian curry
- ◆ 欧風カレー　European curry
- ◆ 北京ダック　Peking duck
- ◆ ラーメン　ramen
- ◆ 餃子(水餃子・焼き餃子)　gyoza
- ◆ すっぽん　soft-shelled turtle
- ◆ ふぐ　fugu (blow fish)
- ◆ とんかつ　pork cutlet
- ◆ 焼き肉　yakiniku
- ◆ すき焼き　sukiyaki
- ◆ しゃぶしゃぶ　shabu-shabu
- ◆ お好み焼き　okonomiyaki
- ◆ もんじゃ焼き　monjya-yaki
- ◆ 焼き鳥　yakitori
- ◆ ハンバーガー　hamburger
- ◆ シュラスコ　churrasco
- ◆ チーズフォンデュ　cheese fondue

- ◆ 鉄板焼き　teppanyaki
- ◆ 炉端焼き　robatayaki
- ◆ 中華料理　Chinese food
- ◆ イタリアン　Italian food
- ◆ フレンチのフルコース　French full-course meal
- ◆ 自然食　macrobiotic food
- ◆ 精進料理　vegetarian food
- ◆ 懐石料理　kaiseki
- ◆ スイーツ　sweets
- ◆ パフェ　parfait
- ◆ あんみつ　anmitsu
- ◆ ところてん　tokoroten
- ◆ かき氷　shaved ice
- ◆ ソフトクリーム　soft cream
- ◆ ジェラート　gelato

To Do List

◆ ○○の出前をとる　　have ○○ delivered

- ピザ　pizza
- 寿司　sushi
- そば　soba (thin noodle)
- うどん　udon (thick noodle)
- うな丼(重)　unadon (unaju)
- 釜飯　kamameshi
- ラーメン　ramen
- かつ丼　katsudon

To Do List

◆ ○○を買ってくる　　buy ○○

- おにぎり　rice ball
- サンドイッチ　sandwich
- 菓子パン　pastry
- ジュース　juice
- コーヒー　coffee
- チョコレート　chocolate
- クッキー　cookie
- ポテトチップス　potato chips
- 煎餅　rice cracker
- アイスクリーム　ice cream

To Do List

◆ ○○を焼く　　bake ○○

- バースデーケーキ　birthday cake
- パン　bread
- クッキー　cookie
- マフィン　muffin

病院 hospital

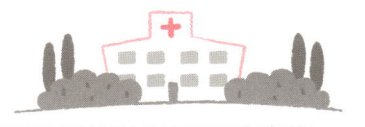

診療所(クリニック)	clinic
内科医	physician
外科医	surgeon
皮膚科医	dermatologist
歯科医	dentist
眼科医	eye doctor
耳鼻科医(耳鼻咽喉科)	ear, nose and throat doctor
整形外科医	orthopedic surgeon
アレルギー専門医	allergist
精神科医	psychiatrist
美容整形外科医	cosmetic surgeon
産婦人科医	obstetrician and gynecologist
小児科医	pediatrician
整骨医	osteopath
調剤薬局	pharmacy
検診	medical examination
治療	treatment
注射	shot

skin clinic でもOK！

産婦人科は **women's clinic** 小児科は **children's clinic** でもいいよ

Sally's comment

手帳に病院の予定を書くときは？

病院の予約は、歯科なら make an appointment with my dentist となり、「歯科医を予約する」といいます。皮膚科などほかの科の場合も同様。手帳には dentist と書いたり、産婦人科医(obstetrician and gynecologist)など長い場合は O&G と縮めてもOK。何科に行くか覚えていれば clinic とだけ書いてもいいですよ！

点滴	**IV (intravenous drip)**
予防接種	**vaccination**
レントゲン	**X-ray**
人間ドック	**complete medical checkup**
健康診断	**medical checkup**
血液検査	**blood test**
視力検査	**vision test**
カウンセリング	**counseling**
婦人科検診	**gynecological exam**
妊婦検診	**pregnancy checkup**
子宮がん検診	**uterine cancer screening**
乳がん検診	**mammo(graphy)**
手術	**operation**
入院	**hospital stay**
鍼灸	**acupuncture and moxibustion**

退院は **leaving hospital**

To Do List

- 4時に皮膚科(皮膚科医)を予約する
  make an appointment with my dermatologist for 4:00pm
- 診察を受ける　see a doctor
- 入院の手続きをする　fill in the form for a hospital stay
- 健康診断を受ける　have a medical checkup
- 友人のお見舞いに行く　visit my friend in the hospital

学生生活 school life

学校…school

大学院	**graduate school**
大学	**university／college**
高校	**high school**
専門学校	**technical school**
教授室	**professor's office**
講堂	**auditorium**
学生課	**student affairs section**
就職課	**employment bureau**
学食	**student cafeteria**
売店	**stand**
学園祭(文化祭)	**school festival**
体育祭	**field day**
卒業旅行	**graduation trip**
修学旅行	**school trip**
入学式	**entrance ceremony**
卒業式	**graduation ceremony**

Sally's comment

いろいろな場面で自己紹介します

海外の大学のクラスルームでは、自由な雰囲気で生徒どうしがよくディスカッションを行います。そこでみんなが話しやすいよう教師や教授は、最初の授業を自己紹介で始めることがあります。また、寮やパーティーなどでも自己紹介をする場面がたくさん。名前、出身、何大学の学生か、専攻、趣味などを話します。

講義…**lecture**

A教室	**classroom A**
ゼミ・研究会	**seminar**
休講	**class cancellation**
代講	**substituting**
レポート作成	**report writing**
勉強会	**study session**
野外研究(フィールドワーク)	**fieldwork**
試験	**exam**
試験会場	**exam venue**
追試	**makeup exam**
履修科目	**subjects**
留年	**repeating a year**

To Do List

● ____を提出する　submit ____

- 課題　**homework**
- 卒業論文　**graduation thesis**
- 履歴書　**CV (curriculum vitae)**
- レポート　**report**

● ____をチェックする　check ____

- 時間割　**class schedule**
- 試験の日程　**exam day**
- 試験の結果　**result of the exam**
- バイトのシフト表　**work shift**

● 授業のノートをコピーする　make a copy of a notebook

● 試験の勉強をする　study／prepare for my exams

● 教授にA教室で会う　meet my professor at the classroom A

学生生活　school life

サークル活動(部活)…club

練習	training
合同トレーニング	joint training
合宿	training camp
新歓合宿(新入生歓迎合宿)	first camp for freshmen
試合	match
部費	club dues
新歓コンパ(新入生歓迎コンパ)	party for new students
飲み会	drinking party
飲み代3,000円	¥3,000 for drinking

アルバイト…part-time job／work

アルバイト代	part-time job wages
シフト	shift
早番	early shift
遅番	late shift
入り時間	starting time
時給900円	¥900 an hour

Sally's comment

同期入社という概念のない英語圏の国々

学生の多くは学校を卒業すると、国内外を旅行したり、海外に住んで仕事をするなど、学生の間や就職してからはなかなかできない経験をする"gap year(ギャップイヤー)"を過ごします。期間は1～2年や、もっと長い人も。そのため就職する年齢や時期が人によって違うので、同期入社という考え方が英語圏の国々にはあまりありません。

就職活動…job hunting

企業訪問	company visit
就職説明会	briefing for job applicants
合同説明会	joint seminar
入社試験	entrance exam
面接試験	interview
社長面接	interview with the president
適性診断テスト	aptitude test
入社式	company entrance ceremony
オリエンテーション	orientation
インターンシップ	internship

To Do List

- 説明会に申し込む　apply for a briefing session
- 仕送りを頼む　ask for a monthly allowance
- 定期券を買う　buy a commuter pass
- 電子マネーをチャージする　charge e-money
- 部費を集める　gather club dues from each member
- ▢▢をもらう　get ▢▢

  - 卒業証明書　diploma
  - 学生証　student ID card
  - 学割証　student discount card
  - 成績表　report card
  - 奨学金申込書　scholarship application form
  - 在学証明書　certificate of school attendance
  - 卒業(修了)見込証明書　certificate of expected graduation
  - 修了証明書　certificate of completion
  - 健康診断証明書　health certificate
  - 退学申請書　notification of withdrawal from school
  - 転入届　moving-in notification
  - 推薦状　letter of reference

会議・打ち合わせ meeting

会議／打ち合わせ	meeting
プレゼンテーション	presentation
ブレーンストーミング	brainstorming
オリエンテーション	orientation
A会議室	meeting room A
応接室	reception room
朝礼	morning meeting
企画会議	planning meeting
定例会議	regular meeting
営業会議	sales meeting
役員会議	board meeting
編集会議	editorial meeting
商談	business talks
ビジネスランチ	business lunch
会食	business dinner
開始時間	starting time
終了時間	finishing time
中止	cancellation

早朝会議も **morning meeting** でOK

Sally's comment

"business lunch"とは？

リラックスして肩肘をはらず、食事をしながら商談をする business lunch (ビジネスランチ)。1時間〜1時間半ほどの短い時間なので、効率よく仕事の話ができます。power lunch ともいわれ、これはもともと経営者が投資家を招待して行う昼食会のことで、転じて仕事をしながらとるランチとなったようです。

休憩	**break time**
出席／欠席	**attendance／absence**
司会	**MC (master of ceremony)**
議事録	**minutes**
議題	**agenda**

To Do List

- お得意先のアポイントをとる　make an appointment with my client/customer
- 面談を申し込む　ask for a meeting
- 顧客を訪問する　visit my customer
- 取引き先の業績を調べる　check the performance of my client's company
- 人 に打ち合わせの連絡をする　tell 人 about our meeting
- 会議室を予約する　reserve a meeting room
- 会食を中止する　cancel the business dinner
- 開始時間を変更する　change the starting time
- 人 に欠席の連絡をする　tell 人 of my absence
- 議題をリストアップする　list up the agenda for the meeting
- 議題をまとめる　sum up the agenda
- 自社の新製品を持って行く　give our new product
- 会議にお茶を出す　serve tea at the meeting
- カウンセリングを受ける　get counseling
- 人 にメールをする　email 人
- お使い物を届ける　send a gift
- ▢ をチェックしておく　check ▢
    - ・株価　**stock prices**　・新聞　**newspaper**
    - ・ニュース　**news**　・経済面　**financial pages**

部署・肩書 department・title

部署…department

社長室	president's office
営業部	sales department
制作部	creative department
経理部	accounting department
人事部	personnel department
法務部	legal affairs department
総務課	general affairs division

秘書室は **secretay's office** だよ

肩書…title

会長	executive chairperson
取締役	executive
社長	CEO (chief executive officer)／president
専務	executive managing director
常務	managing director
部長	general manager
課長	section chief
係長	subsection chief
主任	manager

Sally's comment

上司でも敬称なしの名前で呼びます

上下関係のあまりない英語圏の国々では、職場で先輩や後輩という言い方をしません(学生も同様です)。年上の同僚という意味で先輩を older coworker ともいえますが、たいては coworker (同僚) といったり、相手の名前を呼びます。上司のことも Mr. など敬称をつけずにファーストネーム(名前)で呼ぶのが一般的です。

支社長	**manager of the branch (office)**
支店長	**branch chief**
店長	**store／shop manager**
営業所長	**director (of the business office)**
チーフ	**chief**
秘書	**secretary**
同僚	**coworker**
部下	**subordinate**
アシスタント	**assistant**
担当者	**person in charge**

To Do List

- 研究所に電話をする　call the lab.
- 経理部に内線をかける　call the ext. in the accounting department
- 副社長と会食する　dine with the executive vice-president
- 室長に報告する　report to the section chief
- 経理部に経費精算書を提出する
  submit a statement of expenses to the accounting department

> call the lab. の lab. は laboratory(=研究所) の略、call the ext. in the accounting department の ext. は extension(=内線)の略です。書く場合は、略語とわかるよう後ろに".(ピリオド)"をつけます。このように、長い単語は略語を使えば手帳がすっきりしますよ！

略語を使いこなそう　▶P81

出張 business trip

出張	**business trip**
海外出張	**overseas business trip**
日帰り出張	**one-day business trip**
集合時間	**meeting time**
出発時刻	**departure time**
到着時刻	**arrival time**
本社	**head office**
支社	**branch office**
海外支社	**overseas branch**
展示会見学	**visit to an exhibition**
移動日	**transit day**
成田(羽田)空港	**Narita (Haneda) Airport**
第1(2)ターミナル	**terminal 1 (2)**
東京駅	**Tokyo station**
直行	**go straight**
直帰	**go straight home**
接待	**business entertainment**
残業	**overtime work**

> 直行は **ST**
> 直帰は **SH** と略語
> にしてもOK！

Sally's comment
「タクシーさん」と呼ばれないように

タクシーを呼ぶとき call me taxi と、"a"を入れないと、「私をタクシーって呼んで!」という意味にもとられ、Hi, taxi(ハーイ! タクシーさん) とジョークでからかわれちゃうかも!? タクシーを呼んでほしいときは Could you call a taxi for me? という方がベターです。

名古屋営業所	Nagoya office
親会社	parent company
子会社	subsidiary company

> 電話でタクシーを呼ぶは **call a taxi**

To Do List

- 出張のスケジュールをたてる　arrange a business trip
- 現地スタッフに電話する　call local staff
- お土産を用意する　buy some gifts
- ビザ(査証)を取る　get a visa
- 両替をする　exchange money
- 工場を訪問する　visit a factory
- 　　　を確かめる　check 　　　
  - ・時刻表　timetable
  - ・時差　time-zone difference
  - ・為替レート　foreign exchange rate

- 　　　を準備する　prepare 　　　
  - ・日程表　schedule
  - ・資料　data／material

- 　　　を受け取る　receive 　　　
  - ・仮払い金　tentative payment
  - ・出張費　traveling expenses

- 　　　を予約する　book 　　　
  - ・新幹線チケット　Shinkansen ticket
  - ・飛行機チケット　flight ticket
  - ・往復チケット　round-trip ticket
  - ・片道チケット　one-way ticket
  - ・帰りのチケット　return ticket
  - ・レンタカー　rental car
  - ・ビジネスホテル　business hotel
  - ・ホテル　hotel
  - ・接待の店　restaurant for business entertainment

セミナー・講習 seminar・class

セミナー	**seminar**
講習会	**class**
研修会	**training session**
勉強会	**study session**
ワークショップ	**workshop**
社会人講座	**extension course**
フォーラム	**forum**
会合	**meeting**
総会	**general meeting**
商品発表(会)	**product announcement**
コンベンション	**convention**
カンファレンス	**conference**
イベント	**event**
懇親会	**social gathering**

親睦会も **social gathering** だよ

To Do List

- セミナーに申し込む　apply for a seminar
- セミナーに参加する　join a seminar
- 講習会を欠席する　be absent from a class
- 研修会を開く　hold a training session
- 参加費を払う　pay an entry fee
- 講師を呼ぶ　invite a lecturer

業種・職種 category of business / type of occupation

営業	sales person
OL	(female) office secretary
受付係	receptionist
研究員	researcher
エンジニア	engineer
SE	systems engineer
プログラマー	programmer
アナリスト	analyst
コンサルタント	consultant
会計士	accountant
弁護士	lawyer
銀行員	bank clerk
公務員	civil servant
通訳	interpreter
翻訳家	translator
警察官	police officer
看護師	nurse
薬剤師	pharmacist
介護士	caregiver
(中学校)高校教員	(junior) high school teacher
小学校教員	elementary school teacher
幼稚園教員	kindergarten teacher

保育士は **daycare worker** だよ

書類 document

書類	document
見積書	estimate
注文書(発注書)	order sheet
売上書	sales book
企画書	proposal
計画書	plan
報告書	report
営業報告書	sales report
ライセンス契約書	license agreement
売買契約書	contract note
申請書(申し込み書)	application form
経費精算書	statement of expenses
決算書	statement of accounts
決算報告書	report on final accounts
参考書類	reference material
リスト	list
メモ書き	memo

Sally's comment

英語圏の国では何事もサインが基本

日本では書類や契約書などに印鑑で判を押しますが、英語圏の国にはハンコがありません。すべてハンドライティングのサイン、直筆で署名するのが基本です。もちろん社印などもありません。その書類や契約などに誰が責任を負っているのか明白なよう、サインは個人名をしっかりと書き入れます。

memo は memorandum (覚書)の略だよ

書類

To Do List

- 契約書に署名する　sign the agreement
- 伝票を書く　write slips
- 出勤簿をつける　keep an attendance register
- 郵便物を配布する　distribute mails
- スケジュールをチェックする　check the schedule
- 書類をファイリングする　file the document
- 書類をコピーする　make a copy of the document
- キャビネットの整理をする　tidy up the cabinet
- ▭を読む　read ▭
  - ・仕様書　instructions
  - ・約款　agreement
- ▭を送る　send ▭
  - ・請求書　bill
  - ・予定表　program
  - ・工程表　work schedule
- ▭を書く　write ▭
  - ・週報　weekly report
  - ・日報　daily report
- ▭を提出する　submit ▭
  - ・領収書　receipt
  - ・稟議書　request for approval
  - ・欠勤届　absence report
  - ・休職願　petition for a leave of absence
  - ・退職願　letter of resignation
  - ・確定申告書　final return form

家事 house chores

掃除	cleaning
掃除機	vacuum cleaner
お風呂掃除	bathroom cleaning
トイレ掃除	toilet cleaning
窓ふき	window washing
洗濯	laundry
買い物	shopping
夕食(朝食／昼食)の準備	prepare dinner (breakfast／lunch)
ペットのエサやり	feed my pet
燃えるごみ	burnable garbage
不燃ごみ	nonburnable garbage
プラスチックごみ	plastic refuse
ペットボトルごみ	empty plastic bottle
びんごみ	empty glass bottle
缶ごみ	empty can
紙ごみ	paper waste
粗大ごみ	oversized rubbish
資源ごみ	recyclable waste

燃えるごみの日は **burnable garbage day** だよ

粗大ごみを出す は **throw away oversized rubbish** だよ

Sally's comment

「家事」は英語でなんという？

「家事」というと"housework"と思い浮かべがちですが、日常的に口語で使われるのは「雑用」という意味の"chores"を使う"house chores"。「家事をする」は"do some house chores"となります。"chores"だけでも家事のことを言っているとわかりますよ。ちなみに"homework"は「宿題」という意味になるので注意!

To Do List

- 部屋の掃除をする　clean the room
- 洗濯をする　do the laundry
- 洗濯物を干す　hang out the laundry
- 洗濯物をたたむ　fold the laundry
- 燃えるごみを出す　throw away burnable garbage
- チラシをチェックする　check ad-papers
- ワンピースをクリーニングに出す　take a dress to the cleaners
- コインランドリーに行く　go to a laundromat
- 洗い物をする　do the dishes
- お風呂の湯を入れる　fill bathtub with hot water
- シーツをかえる　change the sheet
- 枕カバーをかえる　change the pillowcase
- 布団を干す　air out a futon
- シャツにアイロンをかける　iron a shirt
- 靴を磨く　polish shoes
- 宅配便を受け取る　receive a parcel
- 手紙を出す　send a letter
- 回覧板を回す　pass on a circular notice
- 町内会の会合に出る　attend a neighborhood association meeting
- 自治会の会合に出る　attend a residents' association meeting
- 家計簿をつける　keep household accounts
- 夫(子供)の送り迎えをする　get my husband／child to 場所 and back
- 犬の散歩に行く　go for a walk with my dog
- お弁当を作る　pack a lunch
- 庭の草むしりをする　weed the yard
- 免許の更新をする　renew the license

生活・引越し daily life・moving

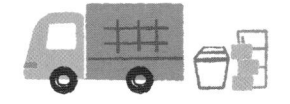

引越し	**moving**
荷造り	**packing**
転居届	**notification of new address**
電力会社	**electric power company**

To Do List

- 引越しの見積りをとる   estimate moving expenses
- 住所変更をする   report the change of address
- 不用品を処分する   throw things away
- ☐ に連絡する   call ☐

  - 引越し屋   moving company
  - 不動産屋   real estate agent
  - 管理会社   management company
  - 大家   landlord
  - 水道局   waterworks bureau
  - 電話会社   phone company
  - 携帯電話会社   mobile phone company
  - 新聞屋   newspaper sales agency
  - プロバイダー   provider
  - クレジットカード会社   credit card company
  - 保険会社   insurance company
  - ガス会社   gas company

- ☐ を出す(提出する)   submit ☐

  - 転出届   notification of moving out
  - 戸籍謄本   copy of a family register
  - パスポート   passport
  - 保険証   health insurance card
  - 会員証   membership card
  - 運転免許証   driver's license

- ☐ を送る   send ☐

  - 速達   express letter
  - 書留   registered mail
  - お礼状   thank-you note
  - 年賀状   New Year's card
  - 寒中見舞い   winter greeting card
  - 暑中見舞い   summer greeting card
  - 残暑見舞い   late summer greeting card
  - クリスマスカード   Christmas card
  - 写真   picture
  - 住民票   certificate of residence
  - 引越しのお知らせハガキ   postcard for moving notices
  - 結婚報告のハガキ   postcard of marriage announcement
  - 招待状   invitation card
  - 結婚(出産／新居)のお祝い(品)   gift for wedding／newborn baby／new home

家族・知人 family / acquaintance

祖父母	**grandparents**
両親	**parents**
兄弟	**brother**
姉妹	**sister**
いとこ	**cousin**
伯父	**uncle**
叔母	**aunt**
甥	**nephew**
姪	**niece**
娘	**daughter**
息子	**son**
ママ友	**fellow mom**
友人	**friend**
クラスメート	**classmate**
隣人	**neighbor**
学校の先生	**teacher**
上司	**boss**

> 学生時代の友達は **friend from my school** で **my school's friend** とは言わないよ

Sally's comment

義理の父母は何という？

「義理の○○」は"○○-in-law"なので、「義理の母」は mother-in-law 、「義理の父」は father-in-law となります。この"in-law"は「法律で結ばれた〜」という意味です。
例：義理の母に会った　→　I met my mother-in-law.
ちなみに「前の夫」は ex-husband。ex をつけると「元○○」という意味に。My ex と主語に使うと、暗黙の了解で「元カレ／元のダンナ」となります。
例：元カレと会った　→　I saw my ex.

子供 kids

幼稚園	kindergarten
保育園	daycare
小学校	elementary school
中学校	junior high school
学童保育	after-school child care
入園式	kindergarten entrance ceremony
卒園式	kindergarten graduation ceremony
始(終)業式	opening (closing) ceremony
登校日	school day
授業参観	visitors' day
PTAの会合	PTA meeting
三者面談	meeting with the teacher
保護者会	parent-teacher conference
家庭訪問	teacher's home visit
誕生日会	birthday party
運動会	sports day
お遊戯会	school play day
学芸会	performance day
遠足	excursion
給食費	school meal fees
社会科見学	educational visit
修学旅行	school trip

> 体育祭と同じ **field day** でもOK

健康診断	**medical checkup**
中間テスト	**midterm exam**
期末テスト	**final exam**
入試	**entrance exam**
部活	**club**
塾	**cram school**
ピアノ教室	**piano lesson**
水泳教室	**swimming lesson**

体操教室は **gym lesson**

子供

To Do List

- 子供の連絡帳を書く　write the correspondence notebook
- お弁当を作る　pack a lunch
- 幼稚園に子供(名前)のお迎えに行く　pick up 名前 from kindergarten
- 子供(名前)の宿題をみる　help 名前 with homework
- 制服にアイロンをかける　iron school uniform
- ピアノ教室の月謝を払う　pay a monthly fee for the piano lesson
- 誕生日ケーキを注文する　order a birthday cake
- 誕生日のプレゼントを買う　buy a birthday present
- 通学路のパトロールをする　patrol around the school
- 給食費を払う　pay school meal fees
- ▢▢を縫う　sew ▢▢
    - ・学芸会の衣装　**stage costume for a school play**
    - ・幼稚園バッグ　**kindergarten bag**
- ▢▢を洗う　wash ▢▢
    - ・かっぽう着　**smock**
    - ・上履き　**indoor shoes**
    - ・体操服　**PE uniform**

PE は **physical education**（体育）の略

買い物の単語集

化粧品や日用品、食べ物、生活雑貨など買い物に役立つ単語をまとめました。To Do List の　　　　に必要な単語を入れて、手帳や買い物メモに活用して!

To Do List
◆ 　　　　を買う　buy 　　　　

例：美容液を買う　**buy skin essence**

To Do List
◆ 　　　　の買い物に行く　go shopping for 　　　　

例：食料品の買い物に行く　**go shopping for groceries**

To Do List
◆ 　　　　をオークションに出す　put up 　　　　 for auction

例：バッグをオークションに出す　**put up my bag for auction**

To Do List
◆ 　　　　を借りる(返す)　rent 　　　　 (return 　　　　)

例：DVDを借りる　**rent DVDs**　※無料で借りる場合は borrow

To Do List
◆ 　　　　へ行く　go to 　　　　

例：スーパーマーケットに行く　**go to the supermarket**

化粧品 cosmetics

- 乳液　milky lotion
- 美容液　skin essence
- 保湿クリーム　moisturizing cream
- 洗顔フォーム　cleansing foam
- 洗顔料　facial cleanser
- クレンジング　makeup remover
- フェイシャルパック　facial mask
- ファンデーション
　　base／foundation (cream)
- 口紅　lipstick
- リップクリーム　lip balm
- リップグロス　lip gloss
- チーク(ほお紅)　blusher
- アイシャドウ　eye shadow
- アイライナー　eyeliner
- マスカラ　mascara
- つけまつげ　false eyelashes
- ビューラー　eyelash curler

薬 medicine

- 錠剤　tablet
- 粉薬　powdered drug
- 風邪薬　cold medicine
- 頭痛薬 (鎮痛剤)　pain killer
- 解熱剤　antipyretic
- 胃腸薬　digestive medicine
- 軟膏　ointment
- 温／冷 湿布剤
　　hot／cold compress
- 目薬　eye drops
- 虫刺されの薬　insect bite relief
- ばんそう膏　BAND-AID®
- サプリメント　supplement

食料品 groceries

野菜　vegetables

- アスパラガス　asparagus
- いんげん豆　kidney bean
- 枝豆　green soybeans
- オクラ　okra
- かぶ　turnip
- かぼちゃ　pumpkin
- 貝割れ菜
　　daikon radish sprouts
- きゅうり　cucumber
- きのこ　mushroom
- ごぼう　burdock
- 小松菜　komatsuna

食料品 groceries

野菜　vegetables

- さつまいも　sweet potato
- さといも　taro
- じゃがいも　potato
- しょうが　ginger
- ズッキーニ　zucchini
- セロリ　celery
- 大根　daikon
- 玉ねぎ　onion
- とうもろこし　corn
- トマト　tomato
- なす　eggplant
- にんじん　carrot
- にんにく　garlic
- ニラ　chinese chives
- ねぎ　spring onion
- 白菜　Chinese cabbage
- ハーブ　herb
- パセリ　parsley
- パプリカ　paprika
- バジル　basil
- ピーマン　green pepper
- ブロッコリー　broccoli
- ほうれん草　spinach
- みょうが　myoga
- ミント　mint
- もやし　bean sprouts

肉　meat

- 牛肉　beef
- 豚肉　pork
- 豚小間切れ肉　chopped pork
- 鶏胸肉　chicken breast
- 鶏もも肉　chicken leg
- 牛ひき肉　ground beef
- 豚ひき肉　ground pork
- 合いびき肉　minced pork and beef
- 鶏ひき肉　ground poultry
- かたまり肉　chunk of meat
- 薄切り肉　thin-sliced meat
- ハム　ham
- ソーセージ　sausage
- ベーコン　bacon

魚　fish

- あじ　horse mackerel
- いか　squid
- いわし　sardine
- 貝　shellfish
- あさり　clam
- しじみ　corbicula clam

> 買い物の単語集

魚　fish

- 帆立て貝　scallop
- かつお　bonito
- 鮭　salmon
- さば　mackerel
- さんま　saury
- たこ　octopus
- たら　cod
- たらこ　cod roe
- ちりめんじゃこ　jako
- ぶり　yellowtail
- まぐろ　tuna
- 明太子　mentaiko
- 刺し身　sashimi
- うなぎの蒲焼　broiled eel

卵・大豆・乳製品　eggs・soybean・dairy products

- 卵　egg
- 豆腐　tofu
- 納豆　natto
- 油揚げ　deep-fried tofu
- こんにゃく　konnyaku
- 牛乳　milk
- ヨーグルト　yogurt
- 飲むヨーグルト　liquid yogurt
- チーズ　cheese
- バター　butter
- マーガリン　margarine

パン・米　bread・rice

- 食パン　bread loaf
- ぶどうパン　raisin bread
- ロールパン　bread roll
- クロワッサン　croissant
- フランスパン(バゲット)　French bread (baguette)
- 調理パン　stuffed bread
- 菓子パン　pastry
- メロンパン　melon-flavored bun
- クリームパン　custard bun
- あんぱん　bean jam bun
- カレーパン　curry bun
- コロッケパン　croquette bun
- 米　rice
- もち　mochi

食料品 groceries

その他　others

- 総菜　deli
- レトルト食品　retort food
- 漬物　pickles
- キムチ　kimchi
- ツナ缶　tuna can
- 小麦粉　wheat flour
- ホットケーキミックス　pancake mix
- パン粉　bread crumbs
- サラダ油　salad oil
- オリーブ油　olive oil
- ごま油　sesame oil
- ドレッシング　dressing
- ダイエットフード　diet food／slimming product
- ジャム　jam
- はちみつ　honey

調味料　seasoning

- マヨネーズ　mayo (mayonnaise)
- ソース　sauce
- ケチャップ　ketchup
- しょう油　soy sauce
- みそ　miso
- 塩　salt
- こしょう　pepper
- スパイス　spice
- 酢　vinegar
- みりん　mirin
- 酒　sake
- マスタード　mustard
- 鷹の爪　cone pepper
- コンソメの素　consommé stock
- 和風だしの素　wafu soup stock
- チキンスープの素　chicken soup stock

デザート　desserts and sweets

- 洋菓子　confectionery
- ケーキ　cake
- プリン　pudding
- シュークリーム　cream puff
- ゼリー　jelly
- 和菓子　wagashi
- 煎餅　rice cracker
- まんじゅう　manju
- 大福　daifuku
- ようかん　yokan
- たい焼き　taiyaki
- スナック菓子　snack food

買い物の単語集

くだもの　fruits

- りんご　apple
- オレンジ　orange
- バナナ　banana
- キウイ　kiwi fruit
- グレープフルーツ　grapefruit
- ぶどう　grape
- パイナップル　pineapple
- もも　peach
- なし　pear
- いちご　strawberry
- メロン　melon
- レモン　lemon
- ブルーベリー　blueberry
- マンゴー　mango
- くり　chestnut
- 柿　persimmon

飲み物　drinks

- コーヒー　coffee
- コーヒー豆　coffee beans
- コーヒー牛乳　coffee milk
- 紅茶　tea
- ミルクティー　tea with milk
- ハーブティー　herbal tea
- 緑茶　green tea
- ミネラルウォーター　mineral water
- 炭酸水　soda (water)
- ジュース　juice
- オレンジジュース　orange juice
- りんごジュース　apple juice
- コーラ　cola
- 缶ジュース　can of juice
- 缶ビール　can of beer
- 日本酒　sake
- 焼酎　shochu
- 赤ワイン　red wine
- 白ワイン　white wine
- ロゼワイン　rosé wine
- シャンパン　champagne
- ウィスキー　whisky
- カクテル　cocktail

日用品 commodity

キッチン用品　kitchenware

- 包丁　kitchen knife
- まな板　chopping board
- 鍋　pan
- フライパン　frying pan
- 食器　tableware
- グラス　glass
- コーヒーカップ　coffee cup
- ティーカップ　teacup
- カトラリー　cutlery
- 箸　chopsticks
- フォーク　fork
- スプーン　spoon
- ナイフ　knife
- アルミホイル　aluminum foil
- ラップ　plastic wrap
- ビニール袋(保存袋)　plastic bag
- 冷凍用ポリ袋　freezer bag
- スポンジ　sponge
- たわし　scrubbing brush
- ゴミ袋　garbage bag

洗剤類　cleaner／detergent

- 台所用洗剤　dish detergent
- 洗濯用洗剤　detergent
- 台所用漂白剤　bleach
- クレンザー　cleanser
- トイレ用洗剤　toilet cleaner
- お風呂用洗剤　bathtub cleaner
- 重曹　baking soda

トイレタリー用品　toiletries

- シャンプー　shampoo
- リンス　conditioner
- トリートメント　hair treatment
- ボディソープ　body soap
- ハンドソープ　hand soap
- 石けん　soap
- トイレットペーパー　toilet paper
- ティッシュペーパー　tissue
- 歯ブラシ　toothbrush
- 歯磨き粉　toothpaste
- 綿棒　cotton swab
- ヘアスタイリング剤　hairstyling product
- ジェル　gel
- ムース　hair mousse
- ヘアクリーム　hair cream
- ヘアスプレー　hair spray

買い物の単語集

- ヘアカラー（毛染め剤） **hair color product**
- 日焼け止め **sunscreen**
- ボディクリーム **body cream**
- コンタクトレンズ **contact lens**
- 洗浄保存液(コンタクトレンズ用) **contact lens solution**
- デオドラントスプレー **deodorant spray**
- マニキュア液 **nail polish**
- 除光液 **nail-polish remover**
- 爪やすり **nail file**
- 使い捨てコンタクトレンズ **disposable contact lens**

生活用品・文具　housewares・stationery

- 消臭剤 **air freshener**
- ゴム手袋 **rubber gloves**
- マスク **mask**
- 電池 **battery**
- 電球 **bulb**
- LED電球 **LED bulb**
- 蛍光灯 **fluorescent lamp**
- FAX用紙 **fax paper**
- プリンターインク **printer ink cartridges**
- シャープペンシル **mechanical pencil**
- ボールペン **ballpoint pen**
- マジック **marker pen**
- 蛍光ペン **highlighter**
- 筆ペン **calligraphy pen**
- 鉛筆 **pencil**
- 消しゴム **eraser**
- 修正液 **white-out**
- 修正テープ **correction tape**
- クリップ **clip**
- ノート **notebook**
- 手帳 **pocket notebook**
- メモ **memo pad**
- 付箋 **sticky notes**
- 便箋 **letter pad**
- 封筒 **envelope**
- 切手 **stamp**
- ハガキ **postcard**
- のり **glue**
- 接着剤 **adhesive**
- ホチキス **stapler**
- はさみ **scissors**
- セロハンテープ **Scotch® tape**
- マスキングテープ **masking tape**
- ガムテープ **packing tape**
- ファイル **file**

家電 home electrical appliances

- 薄型テレビ　flat-screen TV
- 冷蔵庫　fridge(refrigerator)
- 電子レンジ　microwave oven
- オーブントースター　toaster oven
- ホームベーカリー　bread maker
- エアコン　air conditioner
- 洗濯機　washing machine
- 乾燥機　dryer
- ドライヤー　hair dryer
- パソコン　PC
- プリンター　printer
- 扇風機　fan
- 電話機　telephone
- 携帯電話　cell phone／mobile
- 加湿器　humidifier
- 除湿機　dehumidifier
- 空気清浄器　air cleaner
- 電気カーペット　electric carpet
- デジカメ　digicam (digital camera)
- 電子辞書　e-dictionary (electronic dictionary)
- マッサージチェア　massage chair
- ダイエット器具　slimming equipment

インテリア interior

- カーテン　curtain
- カーペット　carpet
- 家具　furniture
- ベッド　bed
- テーブル　table
- イス　chair
- ソファ　sofa
- 食器棚　cupboard
- 本棚　bookshelf
- たんす　chest
- 花束　bouquet
- 鉢植え　potted plant

ファッション fashion

洋服　clothes

- ワンピース　dress
- スーツ　suit
- チュニック　tunic
- キャミソール　camisole
- タンクトップ　tank top
- スカート　skirt
- パンツ　pants
- ジーンズ　jeans

買い物の単語集

洋服　clothes

- ジャケット　jacket
- 革のジャケット　leather jacket
- ダウンジャケット　down jacket
- コート　coat
- ジャンパー　jumper
- インナー　undergarment
- アウター　outerwear
- トップス　top
- レギンス　leggings
- タイツ　tights
- ストッキング　pantyhose
- 下着　underwear
- ブラジャー　bra (brassiere)
- パンティー　panties
- Tシャツ　T-shirt
- Yシャツ　shirt
- ネクタイ　tie
- 靴下　socks
- ベルト　belt

靴　shoes

- パンプス　pumps
- サンダル　sandals
- ミュール　mules
- ブーツ　boots
- レインシューズ　rain boots
- スニーカー　sneakers

ファッション小物　fashion accessories

- 指輪　ring
- ネックレス　necklace
- ブレスレット　bracelet
- イヤリング　earrings
- ピアス　pierced earrings
- メガネ　glasses
- バレッタ　barrette
- カチューシャ　hair clasp
- ヘアピン　hairpin
- ヘアゴム　hair elastic
- 縁あり帽子　hat
- 野球帽　cap
- ストール　stole
- スカーフ　scarf
- マフラー　scarf
- バッグ　bag
- ハンドバッグ　handbag
- トランク　suitcase

79

買い物の単語集

ファッション fashion

その他 others

- 財布　wallet
- 財布(女性用)　purse
- 小銭入れ　coin purse
- 定期入れ　commuter pass holder
- ハンカチ　handkerchief
- 傘　umbrella
- 日傘　parasol

店 shops and stores

- スーパーマーケット　supermarket
- コンビニエンスストア　convenience store
- デパート　department store
- パン屋　bakery
- 洋菓子店　confectionery
- 和菓子店　Japanese sweets shop
- 八百屋　vegetable shop
- 魚屋　fish shop
- 酒屋　liquor store
- 肉屋　meat shop
- 米屋　rice shop
- 豆腐屋　tofu shop
- ドラッグストアー　drugstore
- 調剤薬局　pharmacy
- 電気店　electronics store
- 家電量販店　electronics retail store
- 100円ショップ　100-yen shop
- アウトレットモール　outlet mall
- 商店街　shopping arcade
- 朝市　morning market
- 市場　market
- CDショップ　CD shop
- CD・DVDレンタルショップ　CD/DVD rental shop
- 文房具店　stationery store
- 書店　bookstore
- 写真屋　photo studio
- インテリアショップ　interior furnishings shop
- 雑貨屋　variety store
- 花屋　flower shop
- メガネ店　optician
- ディスカウントショップ　discount store
- リサイクルショップ　recycled-goods shop

Tips from Sally

略語を使いこなそう

自分の手帳やメモに活用を!

手帳に書くとき、小さなスペースにも短く書ける略語。これが正式というのはありませんから、自分でわかれば造語でもOK。ただし、自分の手帳や友達、同僚などに対して使う程度にとどめましょう。

予定に便利

- [ ] **@ ▶ at** 〜で(場所)
- [ ] **w/ ▶ with** 〜と(人)
- [ ] **hr ▶ hour(s)** 〜時間
- [ ] **min. ▶ minute(s)** 〜分間
- [ ] **w/e ▶ weekend** 週末
- [ ] **TBD ▶ to be determined** 未定
- [ ] **appt ▶ appointment** アポ/(医者などの)予約
- [ ] **BD ▶ birthday** 誕生日
- [ ] **anniv. ▶ anniversary** 記念日

友達とのメールやツイッターで

- [ ] **CM ▶ call me** 電話ちょうだい
- [ ] **THNX ▶ thanks** ありがとう!
- [ ] **LYL ▶ love ya lots** 大好き
- [ ] **ILU ▶ I love you** 愛してる
- [ ] **LOL ▶ laughing out loud** 爆笑
- [ ] **HHOK ▶ haha only kidding** ほんの冗談だよ
- [ ] **GJ ▶ good job** よくできた/おつかれ
- [ ] **TGIF ▶ Thank God it's Friday!** やった一金曜日だ!

仕事で使える

- [ ] **MTG ▶ meeting** 会議/打ち合わせ
- [ ] **MSG ▶ message** メッセージ
- [ ] **info ▶ information** 情報
- [ ] **ST ▶ go straight** 直行
  *Sally造語
- [ ] **SH ▶ go straight home** 直帰
  *Sally造語
- [ ] **OW ▶ overtime work** 残業
- [ ] **co. ▶ company** 〜社/会社
- [ ] **dept. ▶ department** 〜部
- [ ] **div. ▶ division** 〜課
- [ ] **PN ▶ please note** 注意!
- [ ] **NP ▶ no problem** 問題なし
- [ ] **ASAP ▶ as soon as possible** できるだけ早く/至急
- [ ] **RSN ▶ real soon now** 今すぐ/大至急!
- [ ] **PCB ▶ please call back** 折り返し電話をください
- [ ] **BRB ▶ be right back** すぐ戻ります
- [ ] **FYI ▶ for your infomation** ご参考までに
- [ ] **L8R ▶ later** 後で

Sally式 英語力をぐんとアップ！
ワクワク手帳活用術

日常の予定のほかに、思ったこと、趣味の記録など
手帳に書き込む言葉をどんどん増やしていきましょう。
自分の思いを英語にするワクワク感は、
英語力をぐんと引き上げます。

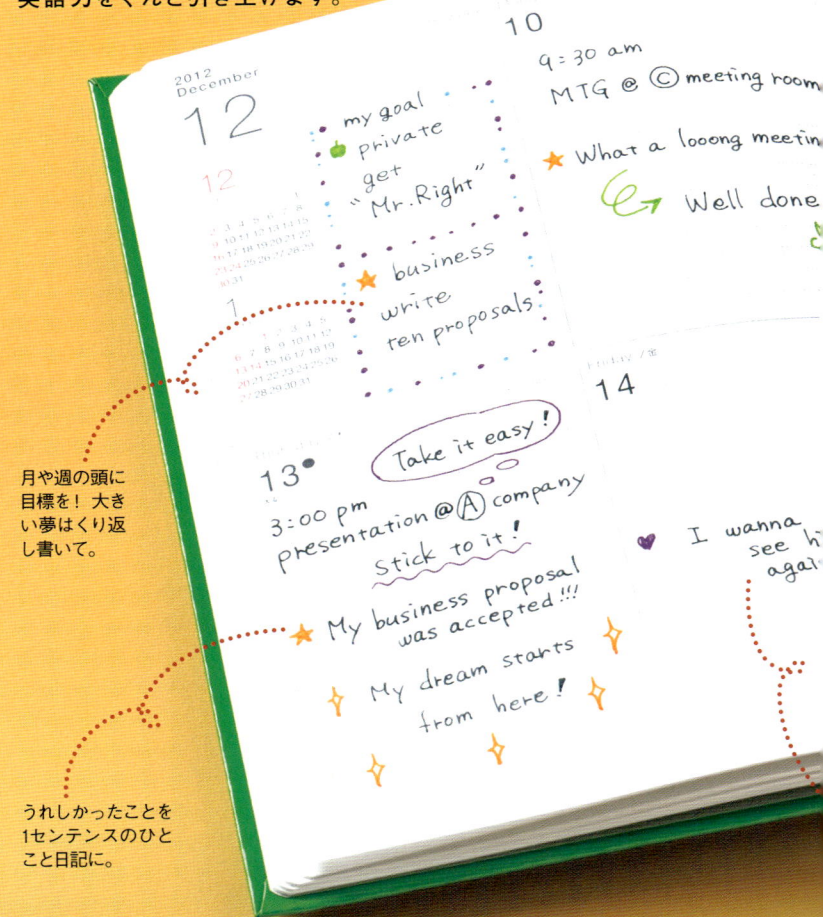

月や週の頭に目標を！大きい夢はくり返し書いて。

うれしかったことを1センテンスのひとこと日記に。

スケジュール帳で

夢をかなえる やる気アップ手帳

12 Wednesday
6:30 pm
etiquette school in Ebisu
increase my feminine energy!!
♥ I emailed Kenji.

Wow! Exciting!

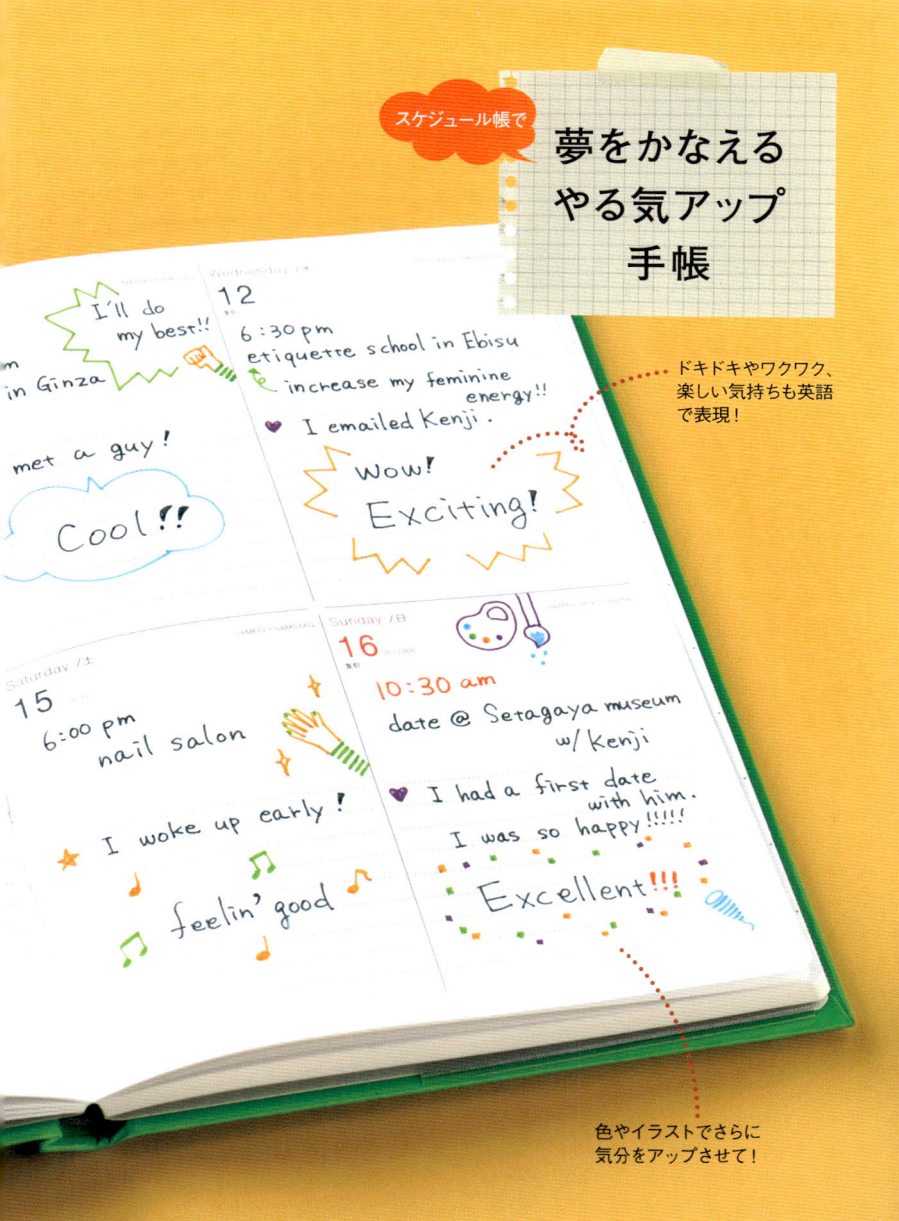

I'll do my best!!

in Ginza

met a guy!
Cool!!

Saturday /土
15
6:00 pm
nail salon

★ I woke up early!
♪ feelin' good ♪

Sunday /日
16
10:30 am
date @ Setagaya museum w/ Kenji
♥ I had a first date with him.
I was so happy!!!!!

Excellent!!!

ドキドキやワクワク、楽しい気持ちも英語で表現!

色やイラストでさらに気分をアップさせて!

「彼にまた会いたいな」なんて恋愛の願いごとも♥

おすすめの書き方や例文の訳は次のページへ ▶▶

ワクワク感でやる気も英語力もWアップ!

やる気アップ手帳の楽しみ方

目標を書く

見やすい位置に何度も書いて

目標は「短いセンテンス」でスケジュール帳のパッと目に入る位置に。長くなる内容も「ひとことで言えば」と考えると、かえって目標が明確に。Part 4の例文を参考に、仕事と恋愛などテーマで分けたり、時間が必要な目標は毎月、毎週と「くり返し」書くこと。寝る前に「声に出して読む」とやる気もアップ!

Part 4　目標リスト例文　▶ **P130へGO!**

- my goal
- private
- get "Mr.Right"
- ★ business
- write ten proposals

✓ word check

- [ ] **my goal**　私の目標、実現したいこと
- [ ] **get "Mr. Right"**　理想の相手と出会う
- [ ] **write ten proposals**　企画書を10本書く

楽しくなるひとこと

プラスの気持ちはどんどん書く

自分の心に浮かんだ感情を英語で表現できると、英語を書くことがどんどん楽しくなります。その日の予定や日記にひとこと添えて、とくにうれしい気持ち、感謝の気持ちなど「プラスの感情」は、たくさん大きく書き込みましょう！　目にするたびにワクワクして、元気、やる気をくれます。

♥ I met a guy!
Cool!!

Part 2　ひとこと感情表現　▶ **P98へGO!**
Part 4　自分を励ますひとこと　▶ **P128へGO!**

✓ word check

- [ ] **Cool!!**　カッコいい!!
- [ ] **Wow! Exciting!**　ウキウキ／ワクワク
- [ ] **feelin' good♪**　いい感じ♪

自分がワクワクするメッセージを英語にして
何度も読み返してみて。
プラスの言葉をたくさん使うのがコツ!

日記を書く

余白に短くその日の出来事を

英語日記というと、初心者にはちょっとハードルが高め。スケジュール帳の余白に1センテンスだけ。これくらいなら気軽で、習慣にしやすいでしょう。その日の出来事や感想など、Part 3の例文を参考に、最初は丸写しだってOK。書きたいことがいっぱいあるときも、一番大事なことを1センテンスに。

Part 3 一行日記例文 ▶ P110へGO!

✓ word check

- [ ] **My business proposal was accepted!!!
  My dream starts from here!**
  私の企画が通った!!! 夢はここから始まる!

にぎやかにアレンジ

好きな色や絵でワクワク感アップ

色彩やイラストなど、視覚で感じるイメージは、記憶の大きな情報源。目標や気持ち、うれしい出来事などに、きれいな色や楽しい絵を添えると、ワクワク楽しいイメージといっしょに言葉も強く印象に残ります。手帳を書くことが楽しくなるのはもちろん、英語力アップにもおすすめなので、試してみて!

✓ word check

- [ ] **I had a first date with him.
  I was so happy!!!!!**
  彼との初デート、幸せ!!!!!
- [ ] **Excellent!!!** サイコー!!!

目標の体重やサイズを目指して
ダイエット手帳

スケジュール帳で

用語の英単語を覚えるのも楽しい

書き方のコツ 目指す体重や体脂肪率、運動量など、まず目標を一番上に。あとは自分が記録したい項目を並べて、毎日英語で書くことを楽しんで。"kg・kcal・cm"などの単位は、普段どおりの単位記号で書いてもOK。

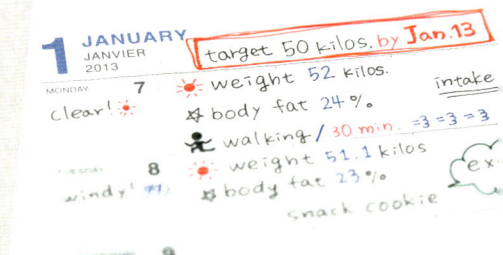

target 50 kilos. by Jan.13
weight 52 kilos.
body fat 24%. intake
walking / 30 min. =3 =3 =3
clear!
weight 51.1 kilos
body fat 23%
windy! snack cookie

key word

- ダイエットをする　**go on a diet**
- 目標（体重など）　**target**
- 50キログラム　**50 kilos.**
- 1月13日までに　**by Jan.13**
    - 時間の表現　▶P96
- 体重　**weight**
- 体脂肪（率）　**body fat(%)**
- 摂取カロリー　**(calorie) intake**
- 消費カロリー　**(calorie) consumption**
- 1600kcal　**1600 kilocalories**
- 食べたもの　**I ate…**
- ウォーキング　**walking**
- ランニング　**running**
- エクササイズ　**exercise**
- 筋トレ　**muscle training**
- 腹筋運動　**sit-ups**
- 腕立て伏せ　**pushups**
- 30分　**30 minutes／min.**
- 10回　**10 times**
- スリーサイズ（表記）　**B／W／H**
- 60センチ　**60 cm**

英語学習手帳

ちょっとずつ継続のために！

テレビ番組の予定や目標を明確に

書き方のコツ　英会話番組や英字新聞、海外ドラマなど、日常で英語を学ぶ機会はいくらだってあります。ツイッターで毎日、英語をつぶやくだけでも立派な練習。課題や放送番組の予定など、自分流の英語学習スケジュールを作ってみましょう。

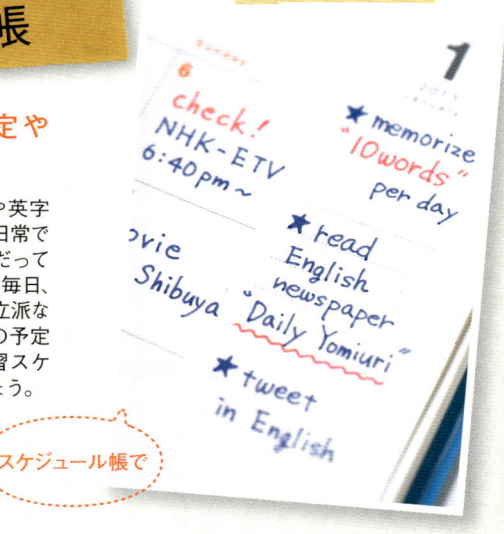

スケジュール帳で

key word

- 英会話レッスン **English lesson**
- 1日「英単語10個」を覚える
    memorize "10 words" per day
- ☐を読む　**read ☐**
  - 英字新聞　**English newspaper**
    ＊紙名・書名は最後に補足
  - ペーパーバック　**paperback**
  - 英語コミック　**English comic**
  - 英会話テキスト　**English textbook**
- ☐を聴く　**listen to (the) ☐**
  - NHKラジオ第2　**NHK-Radio 2**
- 英語でメールを書く
    email in English
- ☐を観る　**watch (the) ☐**
  - NHK教育テレビ　**NHK-ETV**
  - 海外ドラマ（米国）
    American TV drama
  - 海外ニュース　**world news**
  - webサイト　**website**
  - ユーチューブ　**YouTube**
- ツイッターに英語でつぶやく
    tweet in English
- フェイスブックに英語で書き込む
    write in English on Facebook

収支がわかるだけで貯め体質に
家計管理手帳

毎日の買い物やランチなど、使った金額をメモして週末や月末に合計

ちょっと海外暮らし気分に

書き方のコツ 貯金や食費、電話代…。費目が英語になるだけで、どことなく海外在住気分！少しスペルが長くても、何度も書いて覚えてしまいましょう。毎週末や給料日などの月末に、費目別に合計額を出してみて。収支を把握するだけで、自然とムダ使いが減って、貯めようと思う気持ちも湧いてきますよ。

check
英語の金額の書き方
●5ケタ以上は、3ケタずつカンマ「,」で区切る。4ケタは書きやすいほうで。
●頭に¥をつける。末尾にyenと書いてもOK。

lunch ¥1,200
Check! payment slips
25
$ Payday
income   ¥260,000
・savings ¥50,000
・rent   ¥80,000
・food expenses   ¥20...
・eating out expenses ¥15...
・utility charges ¥1...
・telephone bill   ¥...

スケジュール帳で

key word

- ★家計 household budget
- ★給料日 payday
- ★ボーナス bonus
- ★給与明細 pay slip／pay stub
- ★収入 income
- ★貯金 savings
- ★支出 expenditures
  - ・家賃 rent
  - ・食費 food expenses
  - ・外食費 eating out expenses
  - ・公共料金(光熱費) utilities charges
  - ・電気代 electricity bill
  - ・ガス代 gas bill
  - ・水道代 water bill
  - ・電話代 telephone bill
  - ・医療費 doctor's bill
  - ・交際費 entertainment expenses
  - ・被服費 clothing expenses
  - ・美容費 beauty expenses
  - ・交通費 transportation expenses
  - ・レジャー費 amusement expenses
  - ・旅行代 travel expenses
  - ・授業料 school fees
  - ・日用品代 commodities expenses
  - ・雑費 miscellaneous expenses
- ★クレジット credit
- ★口座引き落とし direct debit
- ★リボ払い revolving credit
- ★ローン返済 loan repayment
- ★税金 tax
- ★保険料 insurance
- ★積立貯金 installment savings
- ★臨時収入 extra income
- ★予算 budget
- ★合計 total
- ★残金・残高 balance

家計簿は"household accounts"。左の手帳の Payday の頭が大文字なのは強調したい言葉だからです。

フリー手帳で

飛行機のチケットや入場券、お店のカードなどもペタペタ貼って

交通や滞在の情報を箇条書きに

書き方のコツ 旅行先、期間、飛行機の便や宿泊先など、旅のさまざまな情報を単語や短いセンテンスで記録しましょう。感想コメントのひとこともたくさん書き込んで。見るたびに旅のディテールがよみがえる大切な1冊になります。

英語で楽しかった旅の記録を

旅行手帳

key word

- 旅行先　destination
- □旅行　□ travel／trip
- スケジュール　schedule
- □日〜□日まで　from □ to □
  - 時間の表現　▶P96
- 旅行ルート　route of travel
- 飛行機の便　flight
- 新幹線　Shinkansen
- □駅行きの列車　train for □ station
- タクシー　taxi
- バス　bus
- □(ホテル名)に滞在　stay at □
- チェックイン(アウト)　check in (out)
- 住所　address
- 地図　map
- 訪れた場所　places I visited…
- 食べたもの　I ate…
- 買ったもの　I bought…
- □(人)へのおみやげ　gift for □
- 感想　impression
- 女子旅　girls trip
- ひとり旅　traveling alone

食べ歩きがもっと楽しくなる
スイーツ手帳

食べ比べて my評価をひとこと

書き方のコツ 大好きなスイーツを英語の練習にも役立てて。店の情報、スイーツの値段、さらにおいしさのひとことコメントで批評家気分！ 和菓子はそのままローマ字で書けばOKです。

> Jan. 20
> shop: Le Blanc
> great!!
> cheesecake ¥400
> Mont Blanc ¥530
> business hou...

フリー手帳で

key word

- 店　shop
- 住所　address
- 電話番号　phone number
- 営業時間　business hours
- □(曜日)定休　closed on □
- パティシエ　patissier
- 値段　price
- 今日のスイーツ　Today's sweets
- 洋菓子　confectionery
- チョコレートケーキ　chocolate cake
- チーズケーキ　cheesecake
- ショートケーキ　shortcake
- モンブラン　Mont Blanc
- アップルパイ　apple pie
- フルーツタルト　fruit tart
- ロールケーキ　Swiss roll
- シュークリーム　cream puff
- エクレア　éclair
- プリン　pudding
- ゼリー　jelly
- クッキー　cookie
- 評価　rating
- 味わい　taste
- 甘さ　sweetness
- 食材　ingredients
- 食感　texture
- デコレーション　decoration

さらにちょっとマニアな趣味、女性の体調など、日々記録したいと思うことを英語手帳に。ボキャブラリーを増やしましょう!

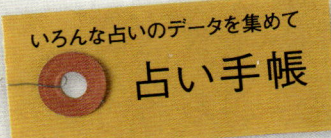

いろんな占いのデータを集めて 占い手帳

書き方のコツ スケジュール帳の余白に、月や週ごとに気になる占いの情報をメモ。運勢によって★の数で表したり、ポイントになる単語を並べて、自分流にまとめるのがおすすめです。

```
key word
```

- 星占い　horoscope
  - おひつじ座(3/21〜4/19)　Aries
  - おうし座(4/20〜5/20)　Taurus
  - ふたご座(5/21〜6/21)　Gemini
  - かに座(6/22〜7/22)　Cancer
  - しし座(7/23〜8/22)　Leo
  - おとめ座(8/23〜9/22)　Virgo
  - てんびん座(9/23〜10/23)　Libra
  - さそり座(10/24〜11/21)　Scorpio
  - いて座(11/22〜12/21)　Sagittarius
  - やぎ座(12/22〜1/19)　Capricorn
  - みずがめ座(1/20〜2/18)　Aquarius
  - うお座(2/19〜3/20)　Pisces
- 血液型占い　blood type fortune-telling
- 手相占い　palmistry
- 風水　feng shui
- タロット占い　tarot reading
- 運勢　fortune
- 恋愛運　luck with love
- 相性　chemistry
- 金運　luck with money
- 仕事運　luck with work
- 健康運　health prediction
- ラッキーデー　lucky day
- ラッキーカラー　lucky color
- ラッキーナンバー　lucky number
- ラッキーアイテム　good-luck charm
- ラッキー方位　lucky direction
- パワーストーン　charmstone
- パワースポット　power spot
- 名前 神社　☐ shrine

映画手帳

項目はTVドラマにも応用OK

書き方のコツ 自分が観た映画やTVドラマなど、作品や俳優のデータを英語で記録してみましょう。もちろん、作品の感想も簡単なひとこと表現で、たくさん添えて楽しんで。

key word

- ★タイトル(映画の)　title
- ★邦画　Japanese movie
- ★洋画　foreign movie
- ★上映時間　running time
- ★主演女優(男優)
  　leading actress／actor
- ★助演女優(男優)
  　supporting actress／actor
- ★監督　film director
- ★音楽　music
- ★脚本家　scriptwriter
- ★配給　distribution
- ★恋愛　love
- ★コメディ　comedy
- ★SF　SF
  　(science fiction)
- ★サスペンス　suspense
- ★ホラー　horror
- ★アクション　action
- ★ドキュメンタリー　documentary

女性手帳

英語ならいつもの手帳にも!

書き方のコツ 生理日やエッチをした日など、人には内緒にしたいメモこそ英語で。いつものスケジュール帳に書いても、英語ならパッと見てすぐわかりにくいのでおすすめ。

key word

- ♥生理　period
- ♥生理痛　cramps
- ♥少ない(軽い)／普通／多い(重い)
  　light／normal／heavy
- ♥イライラ　irritated
- ♥肌の調子　skin condition
  - ・肌荒れ　skin irritation
  - ・脂っぽい　oily skin
  - ・乾燥　dry skin
- ♥基礎体温　BBT
  　(basal body temperature)
- ♥排卵日　ovulation day
- ♥安全日　safe day
- ♥危険日　risky day
- ♥ピル(経口避妊薬)を飲む
  　take the pill
- ♥エッチをした日
  　made it

手帳のほかにもいろんなシーンで

英語を書く
プチ習慣を増やそう

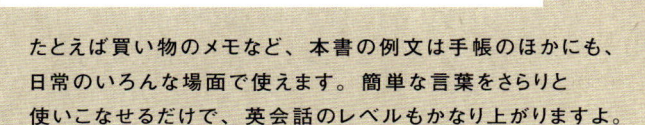

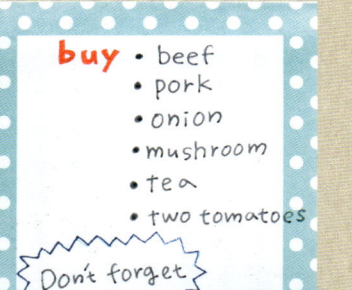

たとえば買い物のメモなど、本書の例文は手帳のほかにも、日常のいろんな場面で使えます。簡単な言葉をさらりと使いこなせるだけで、英会話のレベルもかなり上がりますよ。

buy
- beef
- pork
- onion
- mushroom
- tea
- two tomatoes

Don't forget

食料品やコスメなど買い物メモも英語で！

毎日の買い物メモは、生活アイテムの単語を覚えるにはうってつけ。難しく考えず、買いたい物の単語を並べればOK。身の回りのカタカナのアイテムは和製英語も多いので、英語の呼び方を調べると発見もたくさんあります。本書の単語集のほかにも、辞書をひいて買いたいものをピックアップして。

買い物の単語集 ▶ **P70へGO!**

CHECK
- lotion
- eyeliner
- shampoo
- soap
- lipstick

毎日の習慣に
イチ押し！

Sally's comment

アイテムの個数の書き方

英語では1〜10までは one two three…とスペルで書くこともあります。もちろん手帳やメモなら、気にせずに単語の前後に個数の数字をつけてもOKです。スペルで書くと勉強にもなるので、試してみては。

名刺の裏などに相手の印象をメモする

仕事のコミュニケーションアップにもおすすめ。名刺をもらったら裏や余白に、相手の印象や見た目の特徴を英語でひとことメモ。大事な仕事相手のことがパッと思い浮かぶ情報源に！人の印象の表現は、英会話でもかなり役立ちます。

人の印象の表現 ▶ **P106へGO!**

仕事場ではこれ！

ふせんにひとことメッセージを添える

伝言や書類のやりとりなどにペタリ。「二度としません！」I'll never do it again… なんて同僚や友達におちゃめにお詫びをしたり、普段は意外と言えない周囲の人への感謝や思いやりの言葉も、英語ならすんなり書けるでしょう。

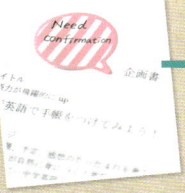

need confirmation
「要確認」など簡単なビジネス英語も、会話が苦手なら書くことから。

ひとこと感情表現 ▶ **P98へGO!**

友達へのプレゼントに

お礼のカードにもユニークな1センテンスを

「ありがとう！涙、涙…」なんて楽しいお礼のひとことをプレゼントに添えて。お祝いのカードも定番の「おめでとう」のほかに、もう1センテンスを。特別なシーンで使った英語は記憶に残るので、ぜひ習慣にして。

ありがとうのひとこと表現 ▶ **P105へGO!**

Tips from Sally

予定に使える「時間の表現」

To Do の締め切りや出張期間などに!

時刻を書くのは簡単ですが、迷いがちなのが期限や期間。とくに締め切りの「〜までに」はまぎらわしいので注意。「〜後」は later や after でなく、今後の予定として書く場合は in を使います。

たとえばこんなとき

```
submit the proposal by
tomorrow!
```
明日までに企画書を提出!

〜までに

- [ ] 明日までに　by tomorrow
- [ ] あさってまでに
　by the day after tomorrow
- [ ] 水曜日までに　by Wednesday
- [ ] 昼までに(午前中に)　by noon
- [ ] 明日の午後7時までに
　by 7:00 pm tomorrow
- [ ] 今日中に　some time today
- [ ] 3日以内に　within three days
- [ ] 今週中に　during this week
- [ ] 月末までに　by the end of this month
- [ ] 来月初旬までに　by early next month
- [ ] 今月中旬までに
　by the middle of this month
- [ ] 3月下旬までに　by late March

〜から〜まで

- [ ] 明日から5日まで
　from tomorrow to 5th
- [ ] 月曜日から金曜日まで
　from Monday to Friday
- [ ] 1月5日〜1月10日
　from Jan. 5 to 10

〜頃

- [ ] 1月10日頃　around January 10th
- [ ] 夕方頃　early in the evening
- [ ] お昼頃　noonish

〜後

- [ ] 1か月後に　in one month
- [ ] 半年後に　in half a year
- [ ] 5年後に　in five years

---

check　まぎらわしい by と until の使い分け

日本語の訳では by は「〜までに」、until は「〜まで」と似ているため、間違える人が続出。by は期限、締め切りがあるときなど「ある時点までに〜をする」という場合に。until は「未来のある時点まで〜を続ける」という場合に使います。
例：週末までにレポートを仕上げる　finish this report by this weekend
　　深夜12時まで残業する　work overtime until midnight

今の気分を書き添えて楽しもう!
ひとこと感情表現

毎日の予定にひとこと、その日の気分や感想を英語で書き添えて。感情を表す英語は、人へのメッセージなど、日常のいろんなシーンで使えます。自然と口をついて出るくらい、どんどん使って!

うれしい

うれしい!	I'm glad !
やったー!	all right !
楽しみ〜／楽しかった〜	can't wait !／It was fun !
ご機嫌♪	great mood
ヨシ! よっしゃ!	good !
おめでとう!	congrats !
シアワセ〜	I feel happy !
ラッキー♪	lucky ♪
絶好調	perfect condition
サイコー	excellent
キタ――!	This is it !
すごーい!	great !
わ〜い♪	yeah ♪
パチパチ(拍手)	clap
ウキウキ／ワクワク	wow／exciting
いい感じ♪	feelin' good ♪
よくできました!	good job !
エライ!	kudos to you !
がんばったね!	well done !
ホッ	relieved
終わった〜	finished

一件落着	problem solved
ギリギリセーフ	just in time
大成功	success

好き

大好き!	love ya lots !
愛してる!	I love you !
ラブラブ	lovey-dovey
惚れた〜!	I'm in love !
チュー(キス)	chu
エッチ(SEXの隠語)	making L
ポッ♥	blush♥
うふふ	chuckle
ドキドキ	pit-a-pat
照れるな〜	bashful
あなたに夢中	crazy for you
萌え〜♥	super-cute♥
ステキ	cool
仲良し	buddy-buddy
狙い撃ち	win his heart
理想的	ideal
お気に入り	my favorite

making love のことだよ

告白するぞ!は I'll tell him I like him!

悲しい・がっかり

ショック…	shocked…
ガーン!	Oh my gosh!
えーん	boohoo
ちぇっ、ツイてない	tut
はぁ〜(深いため息)	sigh…
悲しい	sad
悲しすぎる	tragic
つらい…	tough…
ひどい	awful
怒られちゃった	scolded
ショボーン…	depressed…
凹む〜	feeling down
がっかり	disappointed
心が折れる…	disheartened…
残念!	sorry!
フラれた〜!	I was dumped!
寂しいな	feeling lonely
誰もわかってくれない…	nobody understands me…
誰か助けて	help me
現実は厳しい	life is hard
もう、だいなし	wrecked

期待外れ…も **disappointed** で OK

怒り・不満

むかつくー!	disgusting !
イラッとくる〜	annoyed !
最悪!	terrible !
アタマにきた!	outraged !
ぷるぷる…	so mad…
もう、うんざり!	I had enough !
ストレスのもと	stressful
ウザい	pain in the neck
ケンカ上等!	bring it on !
許せない!	unforgivable !
ヤラれた〜!	You got me !
時間のムダ	waste of my time
仕事しろー!	You must work !
大嫌い!	I hate you !
浮気者	womanizer／playboy
メラメラ…	jealousy…
別れる!	I'll break up !
意味がわからな〜い	nonsense
うらやましい〜	envious
スルーしよう(シカト)	ignore

Pain in the neckはスラングだよ!

びっくり・怖い

びっくりしたー	surprised !
うっそー!	no kidding !
ゲッ!!	Oh no !!
ギョギョ!	shocked !
まさか!	no way !
マジで!?	seriously !?
どん引き〜	total turn-off
目が点	dumbfounded
ありえない…	can't be…
こわっ!!	so scary !!
ぞっとする	creepy
泣きそう!	about to cry !

焦り

焦る〜	feeling rushed
バタバタだ〜	hectic
あわわ／あたふた	helter-skelter
忙しい〜	sooo busy
ギャー!	yipe !
絶体絶命のピンチ!	in a terrible pinch !

困ったな〜	in trouble
緊張する〜	nervous
ちょっと不安	bit worried
かなり不安	very worried
いっそ逃げ出したい…	wanna get away…
勘弁して〜!	Give me a break!
やばい!	This is bad!
ひやひやする〜	sweat
笑うしかない(苦笑)	bitter smile

なぐさめ・励まし

気にしない、気にしない	Don't worry, be happy
きっと大丈夫!	I'll be fine!
ドンマイ!	never mind!
ちょっと落ち着いて	calm down
なるようになるさ!	let it be!
肩の力を抜いて	take it easy
さっさと忘れよう!	Let's forget it!
がんばろう!	stick to it!
ここが正念場	do-or-die situation
無理するな〜	be yourself
元気を出そう!	cheer up!

take it easy はがんばって という意味でも使えるよ!

ツッコミ・あいづち

> cornyの意味は「ギャグが古臭い」だよ

さむっ!	corny!
オイオイ	C'mon！(come on)
ナゼそうなる!?	How come !?
ウケる〜	How funny !
やれやれ…	whew…
あるある	classic
ナイナイ…	impossible…
おばか〜	silly
へぇ〜	huh
惜しい!	close !
なるほどね〜	I see…
さすが、お見事!	fabulous !
お疲れさま!	well done !

確かめる・了解

チェック!	check !
要確認	need confirmation
要注意	attention !
見て、見て!	look, look !
質問	question

オッケー!	It's okay!
その通り!	exactly!
了解です!	I got it!
問題なし	no problem
賛成!	I agree!
おまかせ〜	leave it to me
間違いない!	definitely!
無理!	no way!

ひとこと感情表現

ツッコミ・あいづち／確かめる・了解／ありがとう

ありがとう

ありがとう!	Thanks!
ありがとうございました!	Thank you very much!
感謝!	Thank God!
涙、涙…(感激)	I'm moved to tears…
感動!	I'm moved!
ささやかなお礼です!	This is a present for you!
みんなのお陰です	Thanks to everyone!
恵まれている!	I'm blessed!
どういたしまして!	You're welcome!
こちらこそ	likewise

口語で同様ですという意味だワン

ごめんなさい

すみません!	Excuse me !
ごめんなさい!	I'm sorry !
申し訳ありませんでした…	I apologize…
許して	forgive me
反省します…	It's my fault…
謝りたい!	I wanna say sorry !
二度としません!	I'll never do it again !

> **wanna** は **want to** の口語
> チャットはOKだけど
> メールや手紙には
> 書かないよ!

人の印象

カッコいい!!	cool !!
イケメン	good-looking guy
おしゃれ	fashionable
センスがいい	good taste
かわいい!	cute !
きれい	pretty
やさしい	kind
誠実	honest
尊敬する	respectable
おもしろい	funny
頭がいい／知的	intelligent／smart

堂々としている	confident
大人っぽい／子供っぽい	mature／childish
ポジティブ／ネガティブ	positive／negative
おしゃべり	talkative
草食系／肉食系	herbivore／carnivore
いやし系	soothing
モテモテ	popular
頼りになる	dependable
気がきく	considerate
熱い(情熱的)／クール	passionate／cool
男らしい／女らしい	masculine／feminine
明るい／暗い	cheerful／gloomy
個性的な	unique
さわやか	pleasant
ダサイ	dowdy
パワフル	energetic
頑固	stubborn
オタク	nerd

> チャラいは **sleazy**

Tips from Sally

自己紹介を英語で書こう

日常に英語で自己紹介を書く機会なんてない？ そんなことはありません。
たとえば、ツイッターやフェイスブックなどのSNSサイト。
自己紹介を英語で書けば、外国人の友達を作るチャンスも増えますし、
SNSなら堅苦しく考えず、カジュアルに楽しく書けばOKです。
もちろん個人情報には注意して、例文を参考に簡単なひとことから挑戦を！

example 1

Hi, I'm Tomoko.
I'm in my twenties.
I love traveling and eating out!

こんにちは、トモコです。
旅行とグルメが大好きな20代女子です！

✓ word check

☐ in my twenties　20代
☐ love eating out　グルメ好き
　*eating out　外食

英語でも最初に名前を言うのが自己紹介の基本。～代という言い方は10、20、30、40を、それぞれ複数形にします。年齢を言わずにすむ便利な表現ですね。20'sと書いてもOK。

example 2

Hi, I'm Hiroshi.
I'm a student at ABC University.
I'm majoring in English literature.
I'm into hiking and camping !

こんにちは、ヒロシです。
ABC大学の学生で、専攻は英文学です。
ハマッているのは山歩きとキャンプ！

✓ word check

☐ be majoring in ～　～の専攻である
☐ I'm into ～　～にハマっている

「ハマる」の I'm into～ は関心を持つという意味の口語です。ほかに I'm crazy about～　夢中になる、addicted to　病みつきになる（クセになる）などの表現がありますので、自分の趣味にあてはめて。

example 3

Hi, I'm Aya. I'm in my early thirties.
I'm an office secretary.
I love Japanese history.
My favorite samurai is Takeda Shingen.
I go out and take pictures
of Japanese castles on weekends.

こんにちは、アヤです。
歴史が大好きな30代前半のOLです。
好きな戦国武士は武田信玄。
週末には、お城の写真を撮りに行きます。

✓ word check

☐ office secretary
　事務員（女性ならOL）
☐ My favorite A is B.
　私の好きなAはBだ。
☐ on weekends　毎週末

英語では自分の仕事をoffice worker(会社員)とくらず、具体的に職業を伝えます。年代ですが、30代半ばなら in my middle thirties、後半なら middle を late に変えて。

最初は簡単な1センテンスから
シンプル一行日記

日常の「英語で言いたかったひとこと」が見つかる
"おしゃべり感覚"の日記の例文をご紹介します。
1センテンスなので、最初は丸ごと書いてみて。
フレーズごと覚えると、英会話力もレベルアップ！

恋愛・結婚

- 彼との初デート、幸せ!
  I had a first date with him. I was so happy!

- 手をつないじゃった
  I held his hand!

- 彼の部屋にお泊りでドキドキ♥
  I stayed over at his place. How exciting!

- キス(エッチ)しちゃった!
  He kissed me!／We made love!

- 今日のデート、すごく楽しかった!
  I had a really good date!

- また彼と旅行に行きたいな
  I wanna take a trip with him again.

- 彼が指輪をプレゼントしてくれた!
  He gave me a ring!

- 今日のこと、忘れない
  I'll never forget about today.

- いっしょにいるだけで楽しいな
  I feel happy just being next to him.

- 彼って本当にやさしい
  He is so sweet.

- 手料理、喜んでくれた!
  He liked my cooking!

- ワクワクして眠れなかった
  I was too excited to sleep last night.

- こんなに幸せでいいの!?
  It's too good to be true !?
- 今日の合コン、収穫あり
  I met a cool guy at the mixer.
- 今日の合コン、収穫なし
  I didn't meet any cool guy at the mixer.
- トモコの友達を紹介してもらった
  Tomoko introduced me to her friend.
- 彼、ちょっと気になる
  I think I like him.
- ヒロシくんにメールしちゃった
  I emailed Hiroshi.
- 彼女、いるのかな〜?
  Does he have a girlfriend ?
- 一目惚れしちゃった♥
  I had a crush on him♥
- 彼のメルアドをゲット!
  I got his email address !
- 電話番号、知りたいな〜
  I wanna know his phone number !

一行日記

恋愛・結婚

Sally's comment

デートを指すdate以外の表現は?

date という単語を使わなくても、例えば、We go out.(一緒にでかける)や、He takes me out.(彼が私を連れ出してくれる)なども、恋人と出かける=デートを指す表現になります。日記なら動詞を過去形に。

恋愛結婚

- 彼とまた会いたいな
  I wanna see him again.

- 彼に告白された
  He told me he likes me.

- 彼に告白した
  I told him I like him.

- 彼との相性最高(最悪)!
  There is a good／bad chemistry between us!

- 彼のこと、好きになっちゃった
  I fell in love with him.

- 元カレに偶然会っちゃった
  I bumped into my ex-boyfriend.

- よりを戻したいな〜
  I wanna get back together again.

- もう、別れたい!
  I wanna break up with him!

- ケンカしちゃった…
  I had a fight with my boyfriend…

- ショックで号泣!
  I cried because I was shocked!

- 思い出すと腹が立つ〜!
  I get angry when I remember that!

- 彼の気持ちがわからない…
  I don't know how he feels.

- 早く仲直りできますように
  I hope I can kiss and make up.

- 彼の態度が冷たい…
  He has been cold to me.
- 浮気発覚! 許せない!
  He cheated on me! I'll never forgive him !
- 今日、彼と別れた
  I broke up with him.
- 婚活がんばるぞ!
  I'll try my best to find my future husband !
- お見合いパーティーに参加した
  I went to a matchmaking party.
- 新しい彼(恋人)ができた!
  I got a new boyfriend !
- 絶対、彼と結婚したい!
  I definitely wanna marry him !
- やった〜、プロポーズされた!
  Yes! He asked me to get married !
- 彼の両親と会って緊張した
  I was nervous when I saw his parents.
- 結婚式まであと3日
  My wedding is going to be in 3 days.

> この前置詞の"in"は何日後という意味

一行日記

恋愛・結婚

仕事

- 今日もよくがんばった!
  I worked hard !

- 今日はチョー忙しかった〜
  I was sooo busy today !

- 今日は長〜い1日だった
  I had such a long day !

- 残業で疲れた〜
  I'm so tired from working overtime.

- 仕事がうまくいった! うれしい!
  My work went well ! I'm happy !

- 今日のビールはおいしかった〜♪
  I enjoyed drinking beer ♪

- 最近、やる気満々!
  I've been so energetic these days !

- 今日の会議、長かった〜
  It was such a long meeting !

- 直行でラッキー
  I'm lucky that I can go straight to work.

- 出張で朝早かった!
  I woke up early to go on a business trip !

- 会議でうまく発言できた!
  My presentation at the meeting went well !

- 上司にほめられた!
  My boss praised me !

> 直帰は go straight home だよ

- 私の企画が通った!
  My business proposal was accepted !

- 契約が取れた!
  I got the contract !

- 商談がうまくいった!
  I closed the business deal !

- 待ちに待った給料日!
  My payday !

- ボーナスが出た——!
  I got a bonus !

- やったー! 昇給した〜
  I did it ! I got a raise !

- 上司に怒られた…
  My boss scolded me…

- 今日は遅刻しちゃった
  I was late at the office today.

- 仕事で失敗。凹む〜
  I made a mistake. I'm feeling down.

- セーフ! 先輩に助けられた
  It went well! My older coworker saved me.

---

such を上手に使いこなして♪

Sally's comment

「すごく○○○だ」と強調したいときには"such"を使ってみて!
例：It was such a busy day. → 今日はすごく忙しかった
　　That was such a good idea! → あれはとてもいいアイデアだった!
　　He's such a nice guy. → 彼はとてもいい人

仕事

- 後輩がへまをやって困らされた
  My younger coworker gave me trouble after he goofed up.

- 上司のとばっちりを受けた
  I got involved in my boss's trouble.

- 素直に反省しよう
  I'll take a good, hard look at myself.

- 仕事が手につかない!
  I can't concentrate on my work!

- 苦労したけどいい経験になった
  I had a tough but good experience.

- 社長の言葉に感銘を受けた
  I was impressed by the president's words.

- 今日の研修、勉強になった!
  I learned a lot from this training session!

- プレゼンで緊張した
  I was nervous at the presentation.

- 発表会の手伝いをした
  I helped the presentation.

- 仕事が楽しくて仕方ない!
  I really enjoy my work!

- 仕事がつまらないないな〜
  My work is so boring…

- ぶっちゃけ、仕事ヤダ
  To be honest, I hate my work.

> "TGIF" はThank God It's Friday (やったー金曜日だ!) の略だよ

- あの人、空気が読めないなあ
  He/She is inconsiderate.

- 仕事に追いまくられてる
  I'm up to my ears in work.

- あれはウケた!
  That was a good one!

- ホント、意味わかんない
  I just don't get it.

- 彼はコンピューターオタクだ
  He's a computer nerd.

- 金に糸目はつけない
  Price is no object.

- 転職しようかな?
  Should I change my job?

- 履歴書書かなきゃ
  I have to write a CV.

- 新しい仕事が見つかった!
  I got a new job!

CVは履歴書 curriculum vitae の略だよ

仕事

Sally's comment
英語は「空気を読まない」言語です

「空気が読めない」は気がきかないという意味で inconsiderate をあてはめていますが、直訳の英語はありません。英語圏の人は"KY"が基本。言葉で理解し合おうとするので、YES・NO がはっきりしているのです。

友達づきあい

- 友達に話を聞いてもらった
  I got my friend to listen.

- 友達に話してスッキリ!
  I feel better after talking with my friends.

- 女子会で盛り上がった!
  Girls' night out got into full swing!

- 飲み会、楽しかった!
  I enjoyed the drinking party!

- また、このメンバーでカラオケしたい
  I wanna do karaoke with them again.

- 同窓会でヒロミに会った
  I saw Hiromi at the class reunion.

- ひと晩中しゃべりまくった
  We talked & talked all night long.

- 今日は唄いまくり!
  I'm gonna sing a lot!

- 今日は飲み過ぎ(食べ過ぎ)たー!
  I drank/ate too much!

- ケンジとランチ(ディナー)、おいしかった!
  I went out for lunch/dinner with Kenji, and it was great!

- 友達と長電話しちゃった
  I talked with my friend on the phone for a long time.

- 友達との旅行っていいな〜
  I would love to travel with my friends!

> gonnaは going to の口語だよ! メールや手紙には書かないで

- 彼女がうらやましい〜
  She is so lucky!

- 友達ってありがたいな〜
  I am grateful to my friends.

- みんな変わらないな〜
  My friends haven't changed a bit.

- みんな頑張ってるな〜
  All my friends work so hard.

- 同僚にがんばってと励まされた
  My coworkers encouraged me to go for it.

- 女友達(男友達)っていいな〜
  It's good to have female／male friends.

- 一生の友達だね!
  You're my friend for life!

- マリと友達になりたい
  I wanna be friends with Mari.

- 彼女が幸せで私もハッピー!
  When she is happy, I feel happy, too!

- 正直、彼はウザい…
  To be honest, he is a big pain in the neck…

一行日記

友達づきあい

Sally's comment

**「みんな」という表現
英語ではもっと具体的に言います!**

日本語でよく使う「みんな」という表現。やや抽象的に everybody ということもできますが、少し不自然。ネイティブは「みんな」が誰を指すのか思い浮かべて話すので、友達(my friends)、同僚(coworkers)など具体的に言い表すほうがベターです!

美容

- メイクののりがよかった(悪かった)
  I put on makeup well／badly.

- ニキビ(吹き出物)が気になる〜
  I'm concerned about my pimples／rash.

- 毛穴を小さくしたい!
  I wanna make my pores smaller!

- シミを隠した〜い
  I want to conceal my blotches with something.

- 最近、肌の調子がいい(悪い)
  My skin condition has been good／bad lately.

- 新しい化粧品、いい感じ♪
  New cosmetics go well♪

- 日焼けしちゃった
  I got a suntan.

- 枝毛が多い
  I have hairs with split ends.

- 髪型がキマッた(今いちだった)
  I got／didn't get a nice hairstyle.

- 髪を切って気分一新!
  I feel so refreshed after getting a haircut!

- イメチェン大成功!
  I love my new look!

- そろそろ脱毛しよう
  I'm gonna remove my hair.

> ひど〜い日焼けは **sunburn** だよ

- 最近、太った(やせた)かも!?
  I think I've gained／lost weight lately !?

- ジーンズのウエストが合わない
  My jeans don't fit me around the waist.

- 明日からダイエットするぞ!
  I'll go on a diet from tomorrow !

- 3kg太った(やせた)!
  I've gained／lost 3 kilos !

- ダイエットが順調!
  I'm on a diet and I've lost weight !

- うっかり食べちゃった…
  I ate carelessly…

- エクササイズをさぼってしまった
  I skipped my daily exercise.

- 体重がなかなか減らない
  It's hard to lose weight.

- もう少しで目標達成!
  I'll achieve my goal soon !

- リバウンド注意!!
  Try not to put on weight again !!

- ジム(ヨガ)で汗を流した!
  I did some exercises／yoga. I sweated a lot !

一行日記

美容

勉強・習い事

- 試験がんばった!
  I did my best on the exam !

- 試験が終わった!
  I finished all the exams !

- 試験がうまくいった!
  I did well on the exam !

- やったー! 受かった(合格した)!
  Hooray! I passed !

> no picnicで難しい!という意味だよ

- 難しかったな〜
  It was no picnic.

- 勉強がはかどらない!
  I can't concentrate !

- そろそろ本気で勉強しなきゃ!
  I've got to study hard !

- 試験、全然ダメだった…
  I didn't do well on the exam.

- もっと勉強しておけばよかった
  I should've prepared for the exam.

- ショック…試験に落ちた
  I'm shocked… I failed the exam.

- 今日は英語のレッスンだった
  I had an English lesson.

- 今日のレッスン、楽しかった!
  I enjoyed today's lesson !

- けっこう上達したな〜
  I think I'm getting better.

- なかなか上達しない…
  I don't think I've improved…

- 早くピアノがうまくなりたいな〜
  I wanna improve my piano skill soon.

- マナースクールに行っててよかった!
  Going to etiquette school is good for me !

- もっと真剣に練習しよう!
  I've got to practice more seriously !

- 英語の復習(予習)をしよう
  I'll review／prepare for my English lesson.

- 資格を取るぞ
  I'll study to get a qualification.

- 試験まであと3日!
  My exam is going to be in 3 days !

- 試験の申し込みを忘れた〜
  I forgot to apply for the exam !

一行日記

勉強・習い事

Sally's comment
「意外と簡単だった」はなんと言う?

It was easier than I thought. といい、比較級を使います。訳すと「思ったよりも簡単だった」という意味。反対に「思ったよりも難しかった」を英語にすると
It was more difficult than I thought. になります。ちなみに"difficult"は語尾に"er"をつけて比較級にできないので"more difficult"となります。

日常生活

- 今日は早起きをした!
  I woke up early today!

- 思いっきり寝過ごした〜
  I overslept!

- 朝食(昼食)抜きだった
  I skipped breakfast／lunch.

- おいしいものを食べて至福
  I was so happy to eat such great food.

- いい買い物をした!
  It was a good bargain!

- 金欠でピンチ!
  I feel the pinch!

- 何もないけどいい1日だったな〜
  I had a good day without reason.

- ラッキーな日だった!
  It was a lucky day!

- 今日はツイてなかった…
  I had a bad day…

- ひまな1日だった〜
  It was an uneventful day.

- 充実した1日だった
  It was a productive day.

- 今日は思いっきり泣こう
  I'm gonna cry my heart out today.

- 元気が出た
  I'm energized.

- 感謝の1日だった
  Thank God, I had a good day.

- 遊んでパワー充電した!
  I enjoyed my spare time and energized myself!

- 本を読んで大笑いした
  I read a book and laughed a lot.

- 映画(ドラマ)を見て感動した
  I was moved by the movie／drama.

- 旅でリフレッシュできた
  I took a vacation to refresh myself.

- やっとブログを更新した〜
  I finally updated my blog!

- お風呂でリラックスした
  I took a bath and relaxed.

- 日が長く(短く)なったな〜
  The days are getting longer／shorter.

- 星がきれいだった
  The stars were shining in the sky.

一行日記

日常生活

Sally's comment

星は"The stars"と複数形になります!

夜空にたくさん輝く星は複数形の"s"をつけて stars となるので、be動詞は are や were を使います。月(the moon)や夕焼け(the sunset)、虹(the rainbow)は単数扱いなのでbe動詞がかわり、くっつくのは is や was 。
例えば「虹がきれいだった」の場合、The rainbow was beautiful. になります。

Tips from Sally

手帳をきっかけに即実践!

英語を楽しみながら覚える Sally式3つのルール

英語は「言葉」というコミュニケーションのツール。
日常で英語が使えると、旅行だって100倍楽しくなるし、仕事の幅もぐんぐん広がります。
勉強と思わずに、楽しく英語をモノにするSally式三原則はこれ!

rule 1 日常で英語を使う工夫をしよう

英語は「使ってこそ」です。海外旅行やビジネスシーンだけが、英語を使う機会ではありません。英語で手帳やメモを書く習慣は、その大きな一歩。ほかにも、メールやツイッター、フェイスブックの書き込みなど、とにかく自分から「英語を使う習慣」をどんどん増やしましょう。

実践! 「これって英語でどう言うのかな?」と日常の何気ないひとコマをどんどん英語にして。本書の単語集やケータイの辞書アプリなどで、まず「単語」からひいて書いて覚え、声に出してみましょう。

rule 2 I&F で趣味と英語をつなげる

英語=勉強という思い込みは捨てて。キーワードは「I&F」。Interesting(おもしろい)と Fun(楽しい)です。自分の好きなことと英語をつなげてください。私は趣味の映画から入りました。興味と楽しみは、何かを習得する最高のモチベーション。ワクワク感を大切にしましょう!

実践! 英語は「読み書き+聴く」のセットで覚えるのが最適。洋画は英語字幕をリーディングしながら、リスニングできます。手帳に書いた英語も声に出して読み、その声を録音して聴くのがおすすめです。

rule 3 初心に戻って基本を大事に

基礎がない上に、お城は築けません。英語で手帳を書く楽しみを知ったら、ぜひ中学校で習った基本的な文法をチェック。have, get, take, make などの基本動詞だけでも、実際に日常会話はかなりできます。基礎をしっかり固めて、あなたの中に英語の castle(城)を築きましょう!

実践! 中学校レベルの文法や単語のワークブックを入手して、おさらいしてみましょう。CDつきのものなどは、ヒアリングの勉強にもなりますよ。

Part 1

夢をかなえる手帳にしよう!
モチベーションアップ
&目標リスト

毎日の手帳に、自分を励ます言葉、目標や夢を英語で書いてみましょう。実現のためのSally流の書き方のコツも伝授。何より目標や夢はくり返し書いて、さらに口に出して読むことが大切ですよ!

自分を励ますひとこと

行け!	Go for it!
よし、やるぞ!	I'll do it!
頑張れ、私!	Good luck!
私にはできる!	I can do it!
行動あるのみ!	Just do it!
まずはやってみよう!	Let's start!
挑戦しよう!	Let's try!
失敗を怖がるな!	Don't be afraid to make a mistake!
きっとうまくいく	Everything is going to be all right.
私らしくやろう!	Just be myself!
私ってエライ!	I'm proud of myself!
たいしたことない!	It's not a big deal!
ゆっくり一歩ずつ	Step by step.
それでいい!	That's ok!
焦らなくていい!	Relax!
気楽にいこうよ!	Take it easy!
マイペースで行こう!	Do things at my own pace!
結果はついてくる	The results will be good.
それでも明日はくる!	Tomorrow is another day!

日本語でよく使われる「マイペース」は和製英語。英語では **my own pace** となります。

自分を信じよう!	Believe in myself!
自分を変えよう!	Change myself!
自分に負けるな!	Overcome myself!
自分を成長させよう!	Improve myself!

ゴールは近い! は **The goal is right there!**

ベストをつくせ!	Do my best!
本気を出そう!	I'll go all out to do it!
粘り強く!	Stick to it!
結果を急がないこと	Don't rush to get the result.
ここからが本番だ	Now is the critical moment.

失敗から学ぼう!	Learn from my failure!
難しく考えない!	Think simple!
今こそチャンス!	Time has come!
心配しても始まらない!	Don't worry!
後ろを振り返るな!	Never look back!
努力は必ず実になる	My efforts will be rewarded.

あきらめるな!	Never give up!
もうひと踏ん張り!	Keep on going!
やめるのは簡単	It's easy to quit.
苦しいことも楽しもう	Hardship is the mother of good luck.

恋愛・結婚の目標

- 彼氏を作る
  I'll have a boyfriend.

- 勇気を出して彼に告白する
  I'll get the courage to tell him I like him.

- 彼とデートにこぎつける
  I'll go on a date with him.

- 彼とハワイ旅行に行く
  I'll go to Hawaii with him.

- 彼といっしょに住む
  I'll live with him.

- 彼にもっとやさしくする
  I'll be nicer to him.

- 絶対にセレブ妻になる
  I'm sure I can be a celebrity's wife.

- プロポーズする
  I'll propose to him.

- やさしい(楽しい)人と結婚する
  I'll marry a kind／funny guy.

- 趣味が合う人と結婚する
  I'll marry someone who has the same taste.

- 目指せ、寿退社！
  Go for it！ I'll quit my job when I get married.

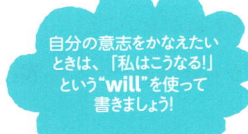

> 自分の意志をかなえたいときは、「私はこうなる！」という"will"を使って書きましょう！

- 出会いの場を増やす
  I'll go out and meet someone new.

- 合コンに積極的に行く
  I'll go to mixer parties to find a nice guy.

- 理想の相手と出会う
  I'll get Mr. Right.

- お見合いをする
  I'm gonna a marriage meeting.

- 今年こそ結婚する
  I'll get married THIS YEAR.

  「今年こそ」と強調するために "THIS YEAR" とすべて大文字に！

- 専業主婦になる
  I'll be a full-time homemaker.

- 元カレと復縁する
  My ex and I'll get back together.

- 今度こそきっぱり別れる
  We will break up this time.

モチベーションアップ&目標

恋愛・結婚の目標

Sally's comment
"be interested in～" を異性に使うと…

be interested in～ は「～に興味がある」という意味ですが、異性に対して使うと「相手を好き」という意味になります。
例：彼のことが好き　I'm interested in him.
　　彼を振り向かせる　He'll be interested in me.
ちなみに He is interesting. は「彼は興味深い（おもしろい）人」となります。

仕事の目標

- 新しい仕事にチャレンジする
  I'll start a new job.

- 昇進する
  I'll be promoted.

- チーフ(肩書を表す単語⇒P56～参照)になる
  I'll be the chief.

- 人事部(部署を表す単語⇒P56参照)に異動する
  I'll move to the personnel department.

- 3月までに転職する
  I'll change jobs by March.

- 正社員になる
  I'll become a full-time employee.

- 30歳までに独立(起業)する
  I'll start my own business before 30.

- 新規契約(顧客・発注)を10件取る
  I'll get ten new contracts／clients／order.

- 売上げ100万円を突破する!
  I'll sell more than one million yen !

- ヒット商品を出す
  I'll create a hit product.

- プレゼン(プロジェクト)を成功させる
  I'll make my presentation／project a success.

> 強化月間を定めてヤル気をアップ!「営業(販売)強化月間」は **I'll improve sales performance this month.** と書きます。

- 社長賞（新人賞）をとる
  I'll get the president's／new face award.

- ビジネスマナーを身につける
  I'll acquire business manners.

- パソコン（営業・接客）のスキルを身につける
  I'll acquire PC／sales／customer service skills.

- マーケティングについて勉強する
  I'll study marketing.

- ライバル社の新商品をチェックする
  I'll check the new product of the rival company.

- 部内（社内／業界／世界）で1番になる
  I'll be No.1 in the department／company／industry／world.

- 8：00に出社をする
  I'll get to the office at 8:00 am.

- 残業をしない
  I won't work overtime.

- 締め切り（期限）を守る
  I'll meet the deadline.

- 企画書を10本書く
  I'll write ten proposals.

- 会議で積極的に発言する
  I'll speak more at meetings.

> **I'll make some good tea**（おいしいお茶をいれる）のも、会社で仕事を円滑に進めるひとつのポイント!!

モチベーションアップ＆目標

仕事の目標

仕事の目標

- 効率よく仕事をする
  I'll work efficiently.

- 準備を怠らない
  I'll make careful preparations.

- 雑用を怠らない
  I'll perform odd jobs.

- お給料以上の仕事をする
  I'll work more than I get paid.

- 丁寧な仕事をする
  I'll work carefully.

- 見落としがないか確認する
  I'll make sure I won't miss anything.

- 自分の意見を明確にする
  I'll express my opinion cleary.

- お礼状はすぐ書く
  I'll write a thank-you note promptly.

- 他部署（顧客）と信頼関係を作る
  I'll establish a good relationship with people in other departments／my clients.

- 翌日の準備をしてから退社する
  I'll prepare for the next day before I leave the office.

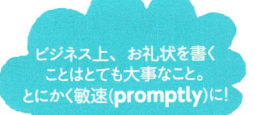

> ビジネス上、お礼状を書くことはとても大事なこと。とにかく敏速(**promptly**)に！

- 敬語をマスターする
  I'll speak in a polite way.

- チームワークを大切にする
  Teamwork comes first.

- 精いっぱい仕事をする!
  I'll work to the full !

- ズル休みしない
  I won't take a day off without good reason.

- いつも笑顔で出社する
  I'll always go to the office happily.

- 簿記3級をとる
  I'll get a Boki 3rd grade qualification.

Sally's comment

目指す職業は明確に!

今は夢でも、目指す職業を「　　　になる!」と書き表すことは、実現への第一歩。英語では I'll be a/an　　　!と書きます。　　　に目標の職種を入れればOK。目にしやすい場所に書き、イメージを膨らませましょう!
また、「　　　の資格をとる」といった目標も、欧米には日本のような検定文化がないので、医療事務(medical administrator)やアロマセラピスト(aromatherapist)など職業に直結する場合は「　　　になる」「　　　の仕事につく」という意味で、同様に I'll be a/an　　　と書き表すのが自然です。

職業を表す単語の一例

カフェオーナー	café owner	職人	artisan
アーティスト	artist	講師	instructor
デザイナー	designer	専門家	specialist
作家	writer	料理研究家	cooking expert
ミュージシャン	musician	インテリアコーディネーター	interior coordinator
イラストレーター	illustrator	行政書士	administrative scrivener
男優／女優	actor／actress	ファイナンシャルプランナー	FP (financial planner)
モデル	model	編集者	editor

モチベーションアップ&目標　仕事の目標

お金の目標

- 1年間で100万円貯める
  I'll save one million yen in one year.

- 12月までに10万円貯める
  I'll save one hundred thousand yen by December.

- 30歳までに300万円貯める
  I'll save three million yen before 30.

- 結婚資金を100万円貯める
  I'll save one million yen for my wedding.

- マイホーム資金を300万円貯める
  I'll save three million yen to buy a home.

- 35歳までに年収1000万円になる
  I'll make ten million yen a year before 35.

- 年収100万円アップ！
  I'll get an annual salary increase of one million yen !

- 好きなことでお金を稼ぐ
  I'll make money doing something I love.

- 副収入で月30万円稼ぐ
  I'll make extra money; monthly income ¥300,000.

- 家計簿をつける
  I'll keep household accounts.

- 毎月1万円節約する
  Every month, I'll save 10,000yen.

> 100万円は **one million yen** ですが、英数字がわからなかったら、数字で ¥1,000,000 でもOK！

- 今月は3万円でやりくりする
  Household budget; this month ¥30,000.

- 食費（交際費／ほか費目の単語⇒P89参照）を2割減らす
  I'll cut food／entertainment expenses by 20%.

- 年末（時間の表現⇒P96参照）までに借金を返済する
  I'll pay off my debt by the end of this year.

- 40歳までにローンを完済する
  I'll pay off the loan before 40.

- 親に月3万円仕送りする
  I'll send ¥30,000 a month to my parents.

- 月5万円の積立貯金をする
  installment savings; ¥50,000 a month.

- 株（投資信託）でもうける
  I'll make money in the stock market／investment trust.

- 生命保険を見直す
  I'll review the amount spent on life insurance.

- ムダ使いをしない
  I won't waste my money.

- クレジットカードを使わない
  I won't use my credit cards.

- 500円玉貯金をする
  I'll save 500-yen coins.

モチベーションアップ＆目標

お金の目標

健康・美容の目標

- 毎朝6時に起きる
  I'll wake up at 6:00 am every morning.

- 夜12時前には寝る
  I'll go to bed before midnight every night.

- 食生活を改善する
  I'll be careful what to eat.

- 検診を受ける
  I'll have a medical examination.

- 今度こそダイエットを成功させる
  I'll succeed in losing weight this time.

- 女子力をアップする
  I'll improve my feminine power.

- 3月までに5kg痩せる
  I'll lose 5 kilos BY MARCH.

  > 3月までに！との思いを込めて **BY MARCH** を大文字に！

- ウエスト60㎝を目指す
  My waist will be 60 cm.

- Sサイズの服が着られるようになる
  I'll wear size S.

- 1日10分エクササイズ(ヨガ)をする
  I'll do exercises／yoga for ten min. per day.

- 腹筋運動(スクワット)を1日100回やる
  I'll do 100 sit-ups／squats per day.

- 1日5km走る(歩く)
  I'll go jogging／walking for 5 km per day.

- 寝る前にストレッチをする
  I'll do a stretch before going to bed.

- 階段を使う
  I'll use the stairs.

- 食事は1日1600kcal 以内に
  I'll reduce caloric intake to 1600 kilocalories per day.

- 夜8時以降は食べない
  I won't eat after 8:00 pm.

- 絶対に間食をしない
  I'll never eat any snack.

- スキンケア(ヘアケア)に力を入れる
  I'll take care of my skin／hair.

- 美白ケアを怠らない
  I won't forget to apply skin-whitening cosmetics.

- 毎日、湯船につかる
  I'll take a bath every day.

Sally's comment

「ダイエット」は"diet"じゃない

日本語は「ダイエット」という言葉だけで、痩せる意味も含んだ使い方をしますが、英単語の diet は「(日常の)飲食物」という意味や「減食」といった食べ方を表し、「痩せる」意味合いは含まれていません。例えば vegetable diet は「野菜食」、meat diet は「肉食」となります。「ダイエットする」と言いたいときは I go on a diet. や I'm on a diet. となります。

モチベーションアップ&目標

健康・美容の目標

勉強・習い事の目標

- 大学（中学・高校）に合格する
  I'll get into university, college／junior high school／high school.

- テスト（模試）で80点以上をとる
  I'll get above 80 on the exam／mock exam.

- ダンススクールに通う
  I'll go to dance school.

- 1日1時間、英語の勉強をする
  I'll study English for one hour every day.

- 問題集を1日3ページずつ解く
  I'll finish 3 pages of my workbook per day.

- 参考書を1冊やり遂げる
  I'll finish studying a reference book.

- 単語を1日10個覚える
  I'll memorize 10 words per day.

- 基礎英文法をマスターする
  I'll master basic English grammar.

- テレビの基礎英語を観る
  I'll watch Kisoeigo.

- ラジオの基礎英語を聴く
  I'll listen to Kisoeigo.

- TOEICで800点以上をとる
  I'll score over 800 on TOEIC.

> 英会話のレッスンを受けるは **I'll take English lessons** です

- 英検(漢字検定)準1級をとる
  I'll pass STEP／Kanji Kentei pre-1st grade.

- ツイッター(フェイスブック)を英語で書き込む
  I'll write in English on Twitter／Facebook.

- 外国人の友達を作る
  I'll make some foreign friends.

- 英語手帳を声に出して読む
  I'll read aloud English sentences in my notebook.

- 英語日記を毎日つける
  I'll keep my diary in English every day.

- 英字新聞を毎日読む
  I'll read an English newspaper every day.

- ペーパーバックを読む
  I'll read paperbacks.

Sally's comment

人生を楽しむために挑戦は欠かせない!

新しい何かに「挑戦」すると、さまざまな発見やひらめきに出会えますよね。人生もぐっと豊かになり、人として成長するためにも不可欠な要素。常に TRY する気持ちを忘れずにいたいですね。メモ感覚で　　　にやってみたいことを書き入れ、気分を盛り上げてみて!

　　　に挑戦する　　try

挑戦してみたいことの一例

マラソン	marathon	サーフィン	surfing
富士登山	Mt. Fuji climbing	ピアノ	piano
スキューバーダイビング	scuba diving	バイオリン	violin

モチベーションアップ&目標

勉強・習い事の目標

ライフスタイルの目標

- 月に10冊本を読む
  I'll read ten books per month.

- 海外旅行に年3回行く
  I'll go abroad three times a year.

- 温泉旅行に少なくても年1回は行く
  I'll go to hot springs at least once a year.

- ハワイ旅行をする
  I'll take a trip to Hawaii.

- 世界(日本)一周旅行をする
  I'll take a trip around the world／Japan.

- ひとり旅(ひとり暮らし)をする
  I'll travel／live by myself.

- 料理上手になる
  I'll be a good cook.

- 小説(自叙伝・エッセイ・詩・俳句)を書く
  I'll write a novel／autobiography／essay／poetry／Haiku.

- ブログを毎日更新する
  I'll update my blog every day.

- マイホーム(一軒家・マンション)を手に入れる
  I'll buy a home／house／condominium.

- 年内に引越しをする
  I'll move to a new place within the year.

> 英語だと一軒家は **house** 分譲マンションは **condominium** と使い分けます。英語で **mansion** は大邸宅のことなので注意を!

- もっと自分を磨く
   I'll improve myself more.

- おしゃれに手を抜かない
   I'll make myself look more attractive.

- 言葉使いを美しくする
   I'll speak elegantly.

- 自立する
   I'll be independent.

- 思いやりのある人になる
   I'll be kind to people.

- 誰にでも気配りのできる人になる
   I'll be thoughtful to everyone.

- 笑顔を絶やさない
   I'll always have a smile on my face.

- 着物の似合う人になる
   I'll be a person who looks good in Kimono.

- ひとりの時間を持つ
   I'll make time for myself.

Goalへのビジョンを持って!

Sally's comment

目標はできるだけ具体的で明確なほうが、達成するチャンスが高まります。最終的にこうなりたい! というビジョンを頭に思い描きましょう。Goal の最初の2文字は Go。ビジョンが描けたらあとは Goal に向かって進むのみ。聖書(旧約聖書Proverbs 29:18)にもあります。Where there is no vision, the people perish. (ビジョンのないところ、民は滅びる)

英語の格言・名言集

夢をかなえる手帳に書きたい、思わず励まされるポジティブな格言&名言をご紹介します。そのまま目標にしてもいいですね!

No pain, no gain.
痛みなしに得るものなし

Laugh and be fat.
笑う門には福来る

The greatest risk is standing still.
何もしないことが最大のリスク

Practice makes perfect.
習うより慣れろ

Never put off till tomorrow what you can do today.
今日できることは明日まで延ばすな

"One of these days" is none of these days.
「いずれそのうち」という日はない

Slow and steady wins the race.
急がば回れ

Many a little makes a mickle.
ちりも積もれば山となる

Failure teaches success.
失敗は成功のもと

Actions speak louder than words.
言葉よりも行動

Friends are the sunshine of life.
友人は人生の日だまり

Happiness is good health and a bad memory.
幸せとは、健康で記憶力が悪いこと

格言・名言集

I like the dreams of the future better than the history of the past.
過去の歴史よりも未来の夢の方が好き

All happiness is in the mind.
すべての幸福は心の中にある

Continuity is the father of success.
継続は力なり

The purpose of life is a life of purpose.
人生の目的は、目的のある人生を送ることだ

Success is doing, not wishing.
成功とは願うことではなく、行動すること

All things are difficult before they are easy.
何事も最初は難しく、やがてやさしくなる

五十音順 単語インデックス

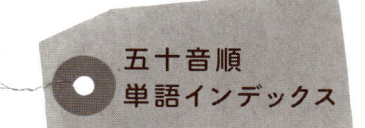

Part 1で紹介している英単語や よく使う単語を、五十音順にまとめました。 知りたい言葉の検索に役立ててください！

あ

アートメイク	34
アイシャドウ	71
アイスクリーム	47
合いびき肉	72
アイライナー	71
アウター	79
アウトレットモール	42・80
赤ワイン	75
アクセサリーショップ	42
朝市	80
あさり	72
あじ	72
アシスタント	57
足ツボマッサージ	35
アスパラガス	71
暖かい	23
暑い	23
アナリスト	61
油揚げ	73
油絵	37
編み物	37
雨	22
アルゼンチンタンゴ教室	37
アルバイト	52
アルバイト代	52
アルミホイル	76
アレルギー	25
アレルギー専門医	48
アロマテラピー	35
あんぱん	73
あんみつ	46

い

いか	72
生け花	36
居酒屋	44
イス	78
イタリア語	36
イタリアン	46
イタリアンレストラン	44
1月	11
いちご	75
市場	80
胃腸薬	71
胃痛	24
一周忌	28
1周年セール	42
一泊旅行	40
移動日	58
いとこ	67
イベント	38・60
イヤリング	79
入り時間	52
いわし	72
いんげん豆	71
インターンシップ	53
インテリア	78
インテリアショップ	80
インドカレー	46
インド料理店	44
インナー	79
インフルエンザ	25

う

ウィスキー	75
ウエスト直し	43
ウォーキング	39
ウオノメ	25
受付係	61
薄型テレビ	78
薄切り肉	72
うす曇り	22
打ち上げ	38
打ち合わせ	54・55
うどん	47
うなぎの蒲焼	73
うな丼(重)	47
海の日	26
売上書	62
売り尽くしセール	42
上履き	69
運転免許証	66
運転免許センター	30
運動会	68

え

エアコン	78
エアポートリムジンバス	29
エアロビクス	39
英会話レッスン	36・37
映画	32
映画館	40
映画鑑賞	37
映画祭	38
映画の上映時間	33

営業	61
営業会議	54
A教室	51
営業所長	57
営業部	56
営業報告書	62
駅	31
SE	61
エステサロン	34
枝豆	71
LED電球	77
宴会	45
宴会メニュー	45
エンジニア	61
遠足	68
鉛筆	77

お

甥	67
お祝い	28
応接室	54
欧風カレー	46
往復チケット	59
大雨	22
OL	61
OB会	38
オープンセール	42
オーブントースター	78
大晦日	27
大家	66
大雪	22
オクラ	71
お好み焼き	46
伯父	67
お葬式(告別式)	28
遅番	52
お使い物	55
お通夜	28
お天気雨	22
お得意先	55

お泊り	32
お取り置き	43
おにぎり	47
叔母	67
お墓	31
お花見	27・38
お彼岸	27
オフ会	38
お風呂掃除	64
お風呂用洗剤	76
お弁当	69
お盆	27
お見合い	32
お見合いパーティー	32
お土産	59
親会社	59
おやすみ	33
お遊戯会	68
オリーブ油	74
オリエンテーション	53・54
お礼状	66
オレンジ	75
オレンジジュース	75
音楽鑑賞	37
温 湿布剤	71
温泉	40

か

カーテン	78
カーペット	78
貝	72
会員証	66
海外支社	58
海外出張	58
海外旅行	40
会議	54
会議室	54・55
会計士	61
会合	60
介護士	61

開始時間	54
会食	54
快晴	22
懐石料理	46
会長	56
回転寿司	44
開店セール	42
買い物	64
帰りのチケット	59
貝割れ菜	71
カウンセリング	49・55
係長	56
柿	75
かき氷	46
書留	66
家具	78
各駅停車	29
学園祭(文化祭)	50
学芸会	68
学芸会の衣装	69
学食	50
学生課	50
学生時代の友達	67
学生証	53
学生生活	50
確定申告書	63
カクテル	75
格闘技観戦	37
学童保育	68
学割証	53
かけはぎ	43
傘	80
家事	64
加湿器	78
菓子パン	47・73
ガス会社	66
風邪	25
風邪薬	71
火葬場	31
家族	67

課題	51	韓国料理店	44	急行	29
肩書	56	看護師	61	休講	51
肩こり	25	缶ごみ	64	休職願	63
かたまり肉	72	冠婚葬祭	28	給食費	68・69
片道チケット	59	缶ジュース	75	牛肉	72
カチューシャ	79	乾燥機	78	牛乳	73
課長	56	乾燥注意報	23	牛ひき肉	72
かつお	73	元日	26	きゅうり	71
学校	50	寒中見舞い	66	給料日	11
学校の先生	67	寒波	23	教会	31
合宿	52	岩盤浴	35	教授	51
かつ丼	47	缶ビール	75	教授室	50
かっぽう着	69	カンファレンス	60	餃子(水餃子・焼き餃子)	46
家庭訪問	68	管理会社	66	業種	61
家電	78	還暦	28	兄弟	67
家電量販店	80			強風	22
カトラリー	76	**き**		霧	22
かぶ	71	キウイ	75	霧雨	22
カフェ	44	気温	23	義理の父	67
株価	55	企画会議	54	義理の母	67
花粉症	25	企画書	62	銀行	30
花粉予報	23	企業訪問	53	銀行員	61
かぼちゃ	71	議事録	55	金婚式	28
釜飯	47	帰省	27	銀婚式	28
紙ごみ	64	季節の行事	26	筋肉痛	24
雷	22	議題	55	金曜日	11
ガムテープ	77	ぎっくり腰	24	勤労感謝の日	26
火曜日	11	着付け	34		
カラーリング	34	着付け教室	36	**く**	
カラオケ	32・41	喫茶店	44	空気清浄器	78
仮払い金	59	キッチン用品	76	空港	31
彼	33	切手	77	9月	11
カレー	46	記念日	28	くしゃみ	25
カレーパン	73	きのこ	71	薬	71
彼の部屋	32	期末テスト	69	くだもの	75
為替レート	59	キムチ	74	口紅	71
革のジャケット	79	キャビネット	63	靴	79
眼科医	48	キャミソール	78	クッキー	47
歓迎会	38	キャンプ	41	靴下	79
韓国語	36	休憩	55	靴の修理コーナー	42

149

靴の修理屋	42	敬老の日	26		**こ**	
靴屋	42	ケーキ	74	公園		32
首の寝違え	24	ケーキバイキング	45	講義		51
区民会館	30	外科医	48	公共施設		30
曇り	22	消しゴム	77	高校		50
曇りのち晴れ	23	化粧水	35	高校教員		61
区役所	30	化粧品	71	合コン		32
クラクラする	24	毛染め剤(ヘアカラー)	77	講師		60
グラス	76	ケチャップ	74	講習会		60
クラスメート	67	血液検査	49	工場		59
クラブ	32	欠勤届	63	降水確率		23
くり	75	結婚	32	高速バス		29
クリームパン	73	結婚記念日	28	紅茶		75
クリスマス	27	結婚式	28・33	交通手段		29
クリスマスイブ	27	結婚式場	31	工程表		63
クリスマスカード	66	結婚式の2次会	33	講堂		50
クリスマスパーティー	38	結婚相談所	32	合同説明会		53
クリップ	77	結婚のお祝い(品)	66	合同トレーニング		52
クリニック	48	結婚披露宴	33	口内炎		25
クルージング(ヨット)	41	結婚報告のハガキ	66	高熱		24
車	29	決算書	62	交番		30
グルメ	44	決算報告書	62	公民館		30
グレープフルーツ	75	月謝	69	公務員		61
クレジットカード会社	66	欠席	55	コート		79
クレンザー	76	月曜日	11	コーヒー		47・75
クレンジング	71	解熱剤	71	コーヒー牛乳		75
クロワッサン	73	下痢	24	コーヒー専門店		44
		ゲリラ豪雨	22	コーヒー豆		75
	け	元気ハツラツ	24	コーヒーカップ		76
計画書	62	研究員	61	コーラ		75
蛍光灯	77	研究所	57	ゴールデンウィーク		27
蛍光ペン	77	健康診断	49・69	子会社		59
経済面	55	健康診断証明書	53	5月		11
警察官	61	建国記念日	26	顧客		55
警察署	30	研修会	60	国際線		29
携帯電話	78	検診	48	国内線		29
携帯電話会社	66	現地スタッフ	59	国内旅行		40
経費精算書	62	県庁	30	告白された日		32
契約書	63	憲法記念日	26	告別式(お葬式)		28
経理部	56			小雨		22

こしょう	74	財布	80	司会	55
戸籍謄本	66	財布(女性用)	80	4月	11
小銭入れ	80	魚	72	時間割	51
骨盤矯正	35	魚屋	80	子宮がん検診	49
琴	36	酒屋	80	時給900円	52
子供	68	鮭	73	始業式	28・68
こどもの日	26	酒	74	試験	51
粉薬	71	刺し身	73	試験会場	51
ごぼう	71	サッカー	39	資源ごみ	64
ごま油	74	サッカー観戦	37	試験の結果	51
小松菜	71	雑貨屋	80	試験の日程	51
ゴミ袋	76	さつまいも	72	時刻表	59
小麦粉	74	さといも	72	時差	59
ゴム手袋	77	茶道	36	しじみ	72
米	73	さば	73	地震(マグニチュード)	23
米屋	80	サプリメント	71	支社	58
ゴルフ	39	寒い	23	支社長	57
ゴルフバッグ	39	サラダ油	74	刺しゅう教室	37
ゴルフ練習場	37	3月	11	四十九日	28
コロッケパン	73	参加費	60	自然食	46
婚姻届	33	残業	58	下着	79
婚活	32	参考書類	62	仕立て屋	42
婚活月間	32	三者面談	68	7月	11
婚活週間	32	残暑見舞い	66	七五三	27
コンサルタント	61	サンダル	79	歯痛	25
懇親会	60	サンドイッチ	47	しっしん	25
コンソメの素	74	産婦人科医	48	室長	57
コンタクトレンズ	77	さんま	73	湿度	23
こんにゃく	73			自転車	29
コンビニエンスストア	80	**し**		支店長	57
コンベンション	60	試合	52	自動車	29
婚約	28・33	指圧	35	自動車教習所	37
		CD・DVDレンタルショップ	80	耳鼻科医(耳鼻咽喉科)	48
さ		CDショップ	80	シフト	52
サークル活動(部活)	52	ジーンズ	78	姉妹	67
サーフィン	39	ジェラート	46	市民会館	30
在学証明書	53	ジェル	76	シャープペンシル	77
在庫一掃セール	42	ジェルネイル	34	社会科見学	68
斎場	31	塩	74	社会人講座	60
サイズ直し	43	仕送り	53	じゃがいも	72

市役所	30	出産のお祝い(品)	66	除光液	77
ジャケット	79	手術	49	女子会	38
写真	66	修正テープ	77	除湿機	78
写真屋	80	出勤簿	63	暑中見舞い	66
ジャズフェスティバル	38	出席	55	食器	76
社長	56	出張	58	食器棚	78
社長室	56	出張費	59	ショッピングモール	42
社長面接	53	出発時刻	58	書店	80
しゃぶしゃぶ	46	主任	56	書道	36
三味線	36	趣味	36	書類	62・63
ジャム	74	シュラスコ	46	資料	59
ジャンパー	79	春分の日	26	視力検査	49
シャンパン	75	しょうが	72	シルバーウィーク	27
シャンプー	76	奨学金申込書	53	白ワイン	75
11月	11	小学校	68	新歓合宿(新入生歓迎合宿)	52
修学旅行	50・68	小学校教員	61	新歓コンパ(新入生歓迎コンパ)	52
10月	11	正月休み	27	新幹線	29
終業式	28・68	錠剤	71	新幹線チケット	59
シュークリーム	74	消臭剤	77	鍼灸	49
集合時間	58	仕様書	63	新居のお祝い(品)	66
就職課	50	住所変更	66	新婚旅行	33
就職活動	53	上司	67	人事部	56
就職説明会	53	精進料理	46	神社	31
ジュース	47・75	招待状	66	新宿駅	41
修正液	77	商談	54	申請書(申し込み書)	62
重曹	76	焼酎	75	新製品	55
12月	11	商店街	80	寝台列車	29
秋分の日	26	小児科医	48	新築祝い	28
週報	63	商品発表(会)	60	新年会	38
週末旅行	40	消防署	30	新聞	55
住民票	66	常務	56	新聞屋	66
修了証明書	53	しょう油	74	親睦会	38・60
修了見込証明書	53	昭和の日	26	じんましん	25
終了時間	54	ジョギング	39	診療所	30・48
授業参観	68	食事	44	**す**	
塾	69	職種	61		
祝日	26	食パン	73	酢	74
宿題	69	植物園	40	スイーツ	46
手芸	37	食欲がない	24	水泳	39
出産祝い	28	食料品	71	水泳教室	69

推薦状	53	整骨医	48	早朝会議	54
水族館	40	制作部	56	送別会	38
水道局	66	精神科医	48	総務課	56
睡眠不足	24	成人式	28	創立記念日	28
水曜日	11	成人の日	26	ソース	74
スーツ	78	成績表	53	ソーセージ	72
スーパーマーケット	80	整体	35	速達	66
スカート	78	制服	69	総菜	74
スカーフ	79	税務署	30	粗大ごみ	64
スキー	39	生理痛	24	卒園式	68
すき焼き	46	咳	25	卒業式	28・50
スケジュール	63	石けん	76	卒業証明書	53
寿司	47	接待	58	卒業(修了)見込証明書	53
寿司屋	44	接待の店	59	卒業旅行	50
涼しい	23	接着剤	77	卒業論文	51
すそ上げ	43	節分	26	その他	80
頭痛	24	説明会	53	そば	47
頭痛薬(鎮痛剤)	71	ゼミ	51	ソファ	78
ズッキーニ	72	セミナー	60	ソフトクリーム	46
すっぽん	46	ゼリー	74	祖父母	67
ステーキ	46	セロリ	72		
ステーキハウス	44	セロハンテープ	77	**た**	
ストール	79	洗顔フォーム	71	ターミナル	58
ストッキング	79	洗顔料	71	体育館	30
スナック菓子	74	洗剤類	76	体育祭	50・68
スニーカー	79	洗浄保存液(コンタクトレンズ用)	77	体育の日	26
スノーボード	39	洗濯	64	退院	49
スパ	40	洗濯機	78	ダイエット器具	78
スパイス	74	洗濯用洗剤	76	ダイエットフード	74
スプーン	76	扇風機	78	大学	50
スペイン料理店	44	煎餅	47・74	大学院	50
スポーツ	39	専務	56	退学申請書	53
スポーツクラブ	37	専門学校	50	代講	51
スポンジ	76			大根	72
		そ		退職願	63
せ		総会	60	大豆	73
生活	66	壮行会	38	体操教室	69
生活用品	77	掃除	64	体操服	69
請求書	63	掃除機	64	体調	24
整形外科医	48	痩身エステ	34	体調がいい	24

体調が悪い	24
タイツ	79
台所用洗剤	76
台所用漂白剤	76
台風	22
大福	74
たい焼き	74
ダウンジャケット	79
鷹の爪	74
タクシー	29
タクシー乗り場	31
たこ	73
立ち飲み屋	44
竜巻	22
脱毛	34
タトゥー	35
七夕	27
食べ過ぎ	24
食べ放題	45
卵	73
玉ねぎ	72
たら	73
たらこ	73
だるい	24
たわし	76
タンクトップ	78
炭酸水	75
誕生日	28
誕生日会	38・68
誕生日ケーキ	69
たんす	78
団体旅行	40
担当者	57

ち

チーク(ほお紅)	71
チーズ	73
チーズフォンデュ	46
チーフ	57
地下鉄	29
チキンスープの素	74
知人	67
父の日	27
中学校	68
中学校教員	61
中華料理	46
中華料理店	44
中間テスト	69
中国語	36
中止	54
注射	48
駐車場	31
中秋の名月	27
昼食会	45
昼食の準備	64
注文書(発注書)	62
駐輪場	31
チュニック	78
調剤薬局	48・80
朝食会	45
朝食の準備	64
調味料	74
調理パン	73
朝礼	54
チョコレート	47
直帰	58
直行	58
ちりめんじゃこ	73
治療	48
鎮痛剤(頭痛薬)	71

つ

ツアー	41
追試	51
通販カタログ	43
通訳	61
使い捨てコンタクトレンズ	77
疲れがとれない	24
つけ爪	34
つけまつげ	71

漬物	74
ツナ缶	74
爪やすり	77
梅雨入り(明け)	23
つらい	24

て

ティーカップ	76
Tシャツ	79
ディナー	45
DVD鑑賞	37
定期入れ	80
定期券	53
ディスカウントショップ	80
ティッシュペーパー	76
定例会議	54
デート	32
デートの店	33
テーブル	78
デオドラントスプレー	77
適性診断テスト	53
デザート	74
デジカメ	78
手帳	77
鉄板焼き	46
鉄板焼き店	44
テニス	39
デパート	80
寺	31
テレビショッピング	43
天気	22
電気カーペット	78
電気店	80
電球	77
転居届	66
展示会見学	58
電子辞書	78
電子マネー	53
電車	29
転出届	66

電子レンジ	78	
電池	77	
店長	57	
点滴	49	
転入届	53	
天皇誕生日	26	
伝票	63	
展覧会	41	
電力会社	66	
電話会社	66	
電話機	78	

と

トイレ掃除	64
トイレタリー用品	76
トイレットペーパー	76
トイレ用洗剤	76
東急線	29
東京駅	31・58
陶芸	37
登校日	68
同窓会	38
到着時刻	58
豆腐	73
豆腐屋	80
動物園	40
とうもろこし	72
同僚	57
読書	37
時計	43
ところてん	46
図書館	30
特急	29
トップス	79
徒歩	29
トマト	72
土曜日	11
ドライブ	41
ドライヤー	78
ドラッグストアー	80
トランク	79
トリートメント	76
取締役	56
取引き先	55
鶏ひき肉	72
鶏胸肉	72
鶏もも肉	72
ドレスコード	45
トレッキング	39
ドレッシング	74
とんかつ	46

な

内科医	48
ナイフ	76
名古屋営業所	59
なし	75
なす	72
納豆	73
夏のバーゲン	42
夏祭り	38
夏休み	27
鍋	76
習い事	36
成田空港	58
軟膏	71

に

2月	11
ニキビ	25
肉	72
肉屋	80
虹	23
日曜日	11
日用品	76
荷造り	66
日程表	59
日報	63
二泊三日	40
日本酒	75
入院	49
乳液	71
入園式	68
入学式	28・50
乳がん検診	49
入試	69
入社式	28・53
入社試験	53
ニュース	55
乳製品	73
ニラ	72
にわか雨	22
人間ドック	49
にんじん	72
にんにく	72
妊婦検診	49

ね

ネイルアート	34
ネイルケア	34
ネイルサロン	34
ネイルチップ	34
ねぎ	72
ネクタイ	79
ネックレス	79
熱っぽい	24
ネットショップ	43
年賀状	66

の

納涼会	38
ノート	51・77
のぞみ00号	29
のど荒れ	25
飲み会	38・52
飲み過ぎ	24
飲み代3000円	52
飲み放題	45
飲み物	75
飲むヨーグルト	73

のり	77

は

バー	44
バーゲンセール	42
バースデーケーキ	47
ハーブ	72
ハーブティー	75
バーベキュー	41
パーマ	34
ハイキング	41
バイク	29
歯科医	48
売店	50
バイトのシフト表	51
パイナップル	75
売買契約書	62
ハガキ	77
吐き気	24
歯ぐきの腫れ	25
白菜	72
博物館	41
バゲット(フランスパン)	73
バザー	43
はさみ	77
箸	76
バジル	72
バス	29
パスタ	46
バス停	31
パスポート	66
パスポートセンター	31
パセリ	72
パソコン	78
パソコン教室	36
バター	73
鉢植え	78
8月	11
はちみつ	74
バッグ	79

発注書	62
初デート	32
発表会	28
初詣	26
初雪	23
鼻がムズムズする	25
花束	78
鼻づまり	25
バナナ	75
花火大会	38
鼻水	25
花屋	80
羽田空港	31・58
歯の知覚過敏	25
歯のホワイトニング	35
母の日	27
パフェ	46
歯ブラシ	76
パプリカ	72
歯磨き粉	76
ハム	72
早番	52
春一番	23
春休み	27
晴れ	22
バレッタ	79
晴れときどき曇り	23
バレンタインデー	26
ハロウィン	27
ハロウィンパーティー	38
ハローワーク	31
ハワイ	41
ハワイ旅行	40
パン	47・73
パン・お菓子教室	36
ハンカチ	80
パン粉	74
パンツ	78
パンティー	79
ばんそう膏	71

ハンドソープ	76
ハンドバッグ	79
ハンバーガー	46
パンプス	79
パン屋	80

ひ

ビアガーデン	44
ピアス	79
ピアノ教室	69
ピアノの発表会	28
ビアホール	44
PTAの会合	68
ピーマン	72
ピーリング	34
冷え(性)	25
日帰り温泉旅行	40
日帰り出張	58
日傘	80
飛行機	29
飛行機チケット	59
ビザ(査証)	59
ピザ	47
ビジネスホテル	59
ビジネスランチ	54
美術館	40
秘書	57
秘書室	56
ビッグセール	42
引越し	66
引越しのお知らせハガキ	66
引越屋	66
ひな祭り	26
ビニール袋(保存袋)	76
微熱	24
皮膚科医	48
100円ショップ	80
日焼けサロン	35
日焼け止め	77
ビューラー	71

ヒョウ（あられ）	23
美容	34
美容院	34
病院	30・48
美容液	71
美容整形外科	35
美容整形外科医	48
ピラティス	36
貧血	25
びんごみ	64
便箋	77

ふ

ファーストフード店	44
ファイル	77
FAX用紙	77
ファッション	42・78
ファッション小物	79
ファミリーセール	42
ファミレス	44
ファンデーション	71
フィールドワーク（野外研究）	51
ブーツ	79
封筒	77
フェイシャルエステ	34
フェイシャルパック	71
フェリー	29
フォーク	76
フォーラム	60
部下	57
部活	69
吹き出物	25
ふぐ	46
副社長	57
部署	56
婦人科検診	49
付箋	77
豚小間切れ肉	72
豚肉	72
豚ひき肉	72

縁あり帽子	79
部長	56
二日酔い	24
筆ペン	77
不動産屋	66
ぶどう	75
ぶどうパン	73
不燃ごみ	64
部費	52
吹雪	22
冬のバーゲン	42
冬休み	27
ブライダルエステ	34
フライパン	76
ブラジャー	79
プラスチックごみ	64
フラダンス	36
ふらふらする	24
フラワーアレンジメント	37
フランス語	36
フランスパン（バゲット）	73
ブランドショップ	43
ぶり	73
振替休日	26
フリマ（フリーマーケット）	43
プリン	74
プリンター	78
プリンターインク	77
フルート教室	37
ブルーベリー	75
ブレーンストーミング	54
ブレスレット	79
プレゼンテーション	54
プレゼント	33
フレンチのフルコース	46
フレンチレストラン	44
プログラマー	61
ブロッコリー	72
プロバイダー	66
文化祭（学園祭）	50

文化の日	26
文具	77
文房具店	80

へ

ヘアカット	34
ヘアカラー（毛染め剤）	77
ヘアクリーム	76
ヘアゴム	79
ヘアスタイリング剤	76
ヘアスプレー	76
ヘアトリートメント	34
ヘアピン	79
閉店セール	42
ベーコン	72
北京ダック	46
ベッド	78
ヘッドスパ	34
ペットのエサやり	64
ペットボトルごみ	64
ペディキュア	34
ベリーダンス	36
ベルト	79
勉強会	51・60
弁護士	61
編集会議	54
偏頭痛	24
便秘	24

ほ

保育園	68
保育士	61
報告書	62
法事	28
包丁	76
忘年会	38
暴風雨	22
法務部	56
ほうれん草	72
ボーナス	11

ほお紅	71	まな板	76	メガネ	79
ホームベーカリー	78	マニキュア	34	メガネ店	80
ボールペン	77	マニキュア液	77	メキシコ料理店	44
保険会社	66	マフィン	47	目薬	71
保健所	30	マフラー	79	目の乾燥	25
保険証	66	ママ友	67	目の充血	25
保護者会	68	マヨネーズ	74	目の疲れ	25
保湿クリーム	71	マラソン	39	めまい	24
帆立て貝	73	マラソン大会	38	メモ	77
ホチキス	77	丸ノ内線	29	メモ書き	62
ホットケーキミックス	74	マンゴー	75	メロン	75
ホットヨガ	36	まんじゅう	74	メロンパン	73
ボディクリーム	77			面接試験	53
ボディソープ	76	**み**		明太子	73
ポテトチップス	47	水虫	25	面談	55
ホテル	32・41・59	店	80	綿棒	76
ホテルのラウンジ	45	みそ	74		
ホワイトデー	27	みぞれ	22	**も**	
盆踊り	38	見積書	62	申し込み書(申請書)	62
本社	58	みどりの日	26	猛暑	23
本棚	78	ミネラルウォーター	75	燃えるごみ	64
翻訳家	61	ミュール	79	燃えるごみの日	64
		みょうが	72	木曜日	11
ま		みりん	74	もち	73
マーガリン	73	ミルクティー	75	もちつき大会	41
マグニチュード	23	ミント	72	元カレ	67
まぐろ	73			元のダンナ	67
マジック	77	**む**		モノレール	29
マスカラ	71	ムース	76	もも	75
マスキングテープ	77	ムカムカする	24	もやし	72
マスク	77	むくみ	24	もんじゃ焼き	46
マスタード	74	蒸し暑い	23		
待ち合わせの時間	33	虫刺されの薬	71	**や**	
待ち合わせの場所	33	虫歯	25	八百屋	80
町役場	30	息子	67	野外研究(フィールドワーク)	51
まつげエクステ	34	娘	67	焼き鳥	46
マッサージサロン	35			焼き肉	46
マッサージチェア	78	**め**		焼き肉店	44
窓ふき	64	姪	67	野球	39
マナースクール	37	命日	28	野球観戦	37

野球帽	79	ライセンス契約書	62	レポート作成	51
役員会議	54	ライブコンサート	41	レモン	75
薬剤師	61	ラップ	76	恋愛	32
夜景スポット	32	ラブホテル	32	練習	52
やけど	25	ランニング	39	レンタカー	59
野菜	71			レントゲン	49
約款	63			連絡帳	69
山登り	39				

り

離婚届	33		
リサイクルショップ	80		
履修科目	51	ロールパン	73

ゆ

結納	28・33	リスト	62	6月	11
遊園地	40	リゾート	40	ロゼワイン	75
夕食会	45	立食パーティー	45	路線バス	29
夕食の準備	64	リップクリーム	71	炉端焼き	46
友人	49・67	リップグロス	71		
郵便局	30	リフレクソロジー	35		
郵便物	63	留年	51	ワークショップ	60
雪	22	両家の食事会	33	Yシャツ	79
吹き出物	25	領収書	63	ワインバー	44
指輪	79	両親	67	和菓子	74
		料理教室	36	和菓子店	80
		緑茶	75	和食店	44

よ

洋菓子	74	旅行	40	和風だしの素	74
洋菓子店	80	履歴書	51	ワンピース	78
ようかん	74	稟議書	63		
幼稚園	68	りんご	75		
幼稚園教員	61	りんごジュース	75		
幼稚園バッグ	69	隣人	67		
腰痛	24	リンス	76		
洋服	78				
洋服のリフォーム店	42				

れ

洋服屋	42
ヨーグルト	73
ヨガ	36
予定表	63
予防接種	49

冷 湿布剤	71
冷蔵庫	78
冷凍用ポリ袋	76
レインシューズ	79
レギンス	79
レジャー	40
レストラン	44

ら

ラーメン	46・47
雷雨	22
レトルト食品	74
レポート	51

INDEX

159

著者
神林サリー (Sally)

(かんばやし・さりー) 英語インストラクター、学習カウンセラー、英文学学士。子供の頃から英語の楽しさに目覚め、独学でバイリンガルに。アメリカ留学後はモデルをしながら通訳・翻訳学校でプロの英語を習得。オーストラリアでの就労、大手英会話学校講師、外資系企業の秘書、営業、通訳を経て、フリーの英会話インストラクターとしてレッスンや講演会、セミナーの開催、教材作成に携わる。趣味は英語のJOKE集め。ブログや著書『Sally先生のバイリンガル英会話学習法』(研究社)が好評。

＊ブログ
「Sallyのバイリンガル Diary ～人生ワンランクアップさせる一日6分の英語講座～」
http://ameblo.jp/becomebilingual/

Staff

デザイン	門松清香
イラスト	石山綾子
撮影	アイキ 元
校正	芳岡倫子、工藤明子
	くすのき舎
編集・ライター	山﨑さちこ、堀井明日香
	(シェルト＊ゴ)

Easy & Fun!
英語で手帳を書こう

著者　神林サリー
発行者　永岡修一
発行所　株式会社永岡書店
〒176-8518　東京都練馬区豊玉上 1-7-14
代表 03-3992-5155　編集 03-3992-7191

DTP　センターメディア
印刷　精文堂印刷
製本　ヤマナカ製本

ISBN 978-4-522-43138-2 C2082 ⑦
＊落丁本・乱丁本はお取り替えいたします。
＊本書の無断複写・複製・転載を禁じます。
Copyright© Sally Kanbayashi,2012